年轻人要懂点生活经济

Nian Qing Ren Yao Dong Dian Sheng Huo Jing Ji

◎ 徐琳琅 编著

天津科学技术出版社

图书在版编目（CIP）数据

年轻人要懂点生活经济/徐琳琅编著.—天津：
天津科学技术出版社，2011.5
ISBN 978-7-5308-6349-7

Ⅰ.①年… Ⅱ.①徐… Ⅲ.①经济学－青年读物
Ⅳ.①F0-49

中国版本图书馆 CIP 数据核字（2011）第 086724 号

责任编辑：范朝辉
助理编辑：张翰东
责任印制：王 莹

天津科学技术出版社出版
出版人：蔡 颢
天津市西康路 35 号 邮编 300051
电话（022）23332390（编辑部） 23332393（发行部）
网址：www.tjkjcbs.com.cn
新华书店经销
天津新华印刷三厂印刷

开本 710×1000 1/16 印张 15 字数 162 000
2011 年 5 月第 1 版第 1 次印刷
定价：29.00 元

前言 Preface

年轻的我们，或许刚刚走出象牙塔，或许已经在职场打拼了几年，但多少都有些青涩、有些稚嫩。所以，在我们大多年轻人的眼里，经济学是一门高深的、离自己很远的学问。其实，经济学没有那么高深，它就在我们身边。

有人曾这样调侃经济学："经济学其实是一门由简单的常识加上复杂的术语包装起来的学科。"的确，经济学看起来高深而复杂，而其内容却浅显而简单。经济学是由生活发展而来的，其英文名为economy，源自古希腊语，本义为"家计管理"。难怪有人会说："生活处处是经济，处处经济是生活。"生活和经济是一种互相融入的关系，我们可以透过生活看经济，透过经济看生活。

你知道我们为什么要交漫游费吗？难道它只是一种硬性的规定？

你是否会因为大手大脚,失控消费以致沦为"月光族"、"负翁"而困惑不已、懊恼不已?

你买过股票、基金等让钱生钱吗?你知道复利这种神奇的赚钱工具吗?

初涉职场,你是否会感到很不顺心?是否会因为找不到突破口而终日郁郁寡欢,提不起工作的劲头?

你是否想过自己创业,但又不知道业要如何去创?

你是否对当今新闻中常提到的经济热点一知半解,甚至感到如堕云里雾里?

……

所有的这些谜团,这些疑惑,我们都可以从经济学中找到答案。经济学是一门基础学科,是一个人生活的根本学问,一个不懂得经济学的人,会是一个不懂得生活的人,一个不会生活的人。

本书正是将生活与经济结合得恰到好处的书,它以通俗易懂的语言及贴近生活、形象经典的小故事来解析和我们生活密切相关的经济学现象和知识,从而教会我们如何运用经济常识来解释一些现象,来为我们生活中的困惑寻找突破口,从而让我们更好地认识我们的生活,更好地驾驭我们的命运。

目 录 Contents

第 1 章 Chapter One
年轻人不可不知的身边经济学

垄断：我们为什么要交漫游费/002

马太效应：贫者越贫，富者越富/007

聚合经营：为什么有肯德基的地方就会有麦当劳/012

价值悖论：物以稀为贵/017

打折：天上不会掉馅饼/021

价格歧视：学生半价票的背后/026

广告：令人厌烦又令人追捧的宣传/031

品牌效应：只买贵的，不买对的/035

羊群效应：年轻人究竟为何爱赶时髦/039

第2章 Chapter Two

年轻人要学会理财经济学

理财不是有钱人的专利,没有钱更要懂得理财/044

资产负债表:看看自己的财务状况/048

积极储蓄:为明天做好准备/052

量入为出:不做"月光族"和"负翁"/057

按需消费:不做"购物狂"/061

新节俭主义:理性消费和品质生活的双赢/066

信用卡:财务的鸦片/071

第3章 Chapter Three

年轻人应懂点投资经济学

会投资的人不一定都是"数学家"/076

股票:资产增值的最基本手段/080

基金:让专家帮你赚钱/084

债券:保守人理想的投资方式/089

期货:现在做将来的交易/094

保险:为未来绑紧安全带/100

复利：最神奇的赚钱工具 /104

组合投资：不要把鸡蛋放在同一个篮子里 /109

第 4 章 Chapter Four
年轻人要知道的职场经济学

蝴蝶效应：小细节体现大智慧 /114

蘑菇定律：新进职场总会备受冷落 /119

木桶理论：是迷失还是强化 /124

二八法则：摆脱龙套，成为主角 /129

内卷化效应：拒绝原地踏步 /133

路径依赖：打破惯性，重新选择 /138

智猪博弈：你是大猪，还是小猪 /142

人力资本：你知道自己的价值吗 /146

注意力经济学：在职场如何推销自己 /150

第 5 章 Chapter Five
年轻人需学点创业经济学

年轻，我们创业的资本 /156

天使基金：资金不会是你创业的阻碍 /161

积小成大：如何从小生意中赚大钱/166

信息经济：拒做"井底之蛙"/171

机会成本：考研还是就业/176

蓝海战略：突破传统，拓展新空间/181

鲶鱼效应：怎样激发企业活力/187

破窗效应：千里之堤，溃于蚁穴/192

激励：无形的增值力量/197

第6章 Chapter Six
年轻人应该了解的经济热点

流动性过剩：钱为什么不值钱/202

CPI：持续高涨下的抉择/206

次贷危机：金融界的大炸弹/211

低碳经济：经济与环境的共赢/216

去杠杆化：金融路径的"修正"/221

GDP：快速增长就意味着经济快速发展吗/227

第1章

Chapter One

年轻人不可不知的身边经济学

对于身边很多熟知的现象,我们年轻人一般不会去思考其现象的背后。但其实这些现象的背后都暗含了重要的经济学道理。通过深入透视这些现象,我们既可以知道这些现象产生的根源,又可以学到很多经济学知识。

垄断：我们为什么要交漫游费

每逢春节从外地赶回家过年的人，都会遇到同样的烦恼和痛苦，那就是要支付昂贵的手机漫游费，不管是联通，还是移动。我们究竟为何总是要交漫游费呢？理由很简单，两个字：垄断。

话说，曹操等人穿越时空，来到了21世纪。由于一次偶然的机会，曹操成为一家名叫中原华能公司的CEO。中原华能的来头还真不小呢，虽然没有人知道它的后台有多硬，但妇孺皆知的是，中原华能是全国最大的电力供应公司，控制着全国80％的电力。曹操不愧是一代枭雄，竟然在数年中都能够稳控这家公司。鉴于这年（2003年），全国各地的粮食、蔬菜、食用油及其他一些日常消费品因受到非典影响而全面上涨，曹操也想乘机提高电力价格，但曹操就是没有找到合适的理由和机会。曹操本想强行提价，可他又深知，现在是民主社会，由不得他胡来，所以，曹操只好等待有利时机了。某日，煤炭价格突然出现上涨，曹操在第一时间便捕捉到了这一消息。于是，曹操也跟着将电力价格往上抬了抬。国人知道电价上涨后，都非常生气，大骂："曹贼，诈矣！"骂过之后，人们依然用着曹操公司提供的电

年轻人不可不知的身边经济学

力。但张飞却不同，当他知道电力价格上涨后，气得两粗眉又倒起来，二话没说便挥起长矛冲向曹操的寓所。可在半道上，张飞冷静了下来："现在是文明社会，我这样大动干戈，实在是有损我张某人的形象。"于是，他拿着长矛，又折回去了，但他没有直接回家，而是先跑到一家小商店买了好几包蜡烛，并发誓一定要抵制曹操的恶意提价行为。就这样，张飞便如过去一样，使用起了蜡烛。但是，蜡烛虽然低廉，却除了能代替灯泡照明外，什么也干不了，这样也就省不了多少电。毕竟，这是一个电器时代，电冰箱不能停，电视不能不开，电脑又不得不用，还有电饭锅、电磁炉、微波炉、饮水机、电风扇等，样样都离不开电。因此，一年下来，张飞靠点蜡烛省下的钱，还不够买一斤老陈醋，张飞沉默了老半天，不知如何是好。

以上故事是由中国人民大学经济学博士张世贤的通俗经济读物《经济学演义》中的一则故事改编而来的。在故事中，曹操几乎控制了全国的电力，而且其他产品均代替不了电力；当曹操将电力价格提高后，别人只有干着急的份。这便是典型的垄断。

"垄断"一词来源于希腊语，意思为"一个销售者"。在我国，"垄断"首次出现在《孟子·公孙丑》中："必求垄断而登之，以左右望而网市利。"意思指的是站在市集的高地上操纵生意。在中国古代，人们一般在市集上做生意。一些商人为了招揽更多的客人，便在市集上筑"垄"，也就是高台，这样他们就可以居高临下地操纵生意，招揽更多客人了。后来，垄断的词义慢慢扩大，用来泛指把持和独占。

我们知道，垄断不是从来就有的，而是在资本主义的自由竞争中逐渐发展起来的。在资本主义经济中，少数大企业为了获取高额利润而往往采取互相协议或联合的办法，对一个或多个部门商品的生产、

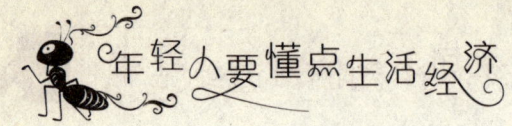

销售及价格进行操纵和控制,这便是垄断。资本主义垄断组织中比较著名的有美国美孚石油公司、德国西门子公司等。在经济学中,垄断一般指的是某种资源由一家企业控制,价格也由这家企业确定的行为。垄断出现后,自然会出现垄断行业。总体而言,垄断行业有两类:一是凭借技术上的优势而在同一行业进行的垄断,如美国微软公司的电脑操作系统;二是由国家控制的垄断行业,即国营垄断,如我国的石油、烟草、铁路、电信行业等。

中国之所以要交漫游费,就是因为国营垄断。在我国,除移动、联通外,电信行业还曾有网通、铁通等企业。但在2008年,中国移动公司兼并了中国铁通公司,中国联通公司兼并了中国网通公司,中国电信公司收购了联通公司CDMA网,这是市场竞争的结果,但其实质还是一种垄断,正如网友们所评论的:"合来合去仍挨宰,分分秒秒搞不清,漫天开价自己定,厘厘毫毫都不放。"

除了电信公司的垄断外,我们身边还存在很多垄断经营,这些经营一般以行业规则为幌子,表面上看似合情合理,但实际却是垄断经营,以更多地榨取消费者的钱财。如跨银行、跨地区取钱,我们必须交纳相关的手续费;不管是到市区的哪家餐馆吃饭,我们都要支付相当高的消费额;购买各种卡,我们要上缴如押金、折旧费等额外费用。其实,这些费用对消费者来说,也不是很多,但对于那些垄断公司来说,累积到一定程度便成了巨额,这便是他们垄断经营的最终目的。我们来看这样一则数据材料:

年轻人不可不知的身边经济学

在上海，凡购买一张公交卡，必须交30元的押金，而这些公交卡的成本费仅为7元/张。据2006年数据统计，上海流通的公交卡约1500万张，那么押金总额便高达3.45亿元。如果按当时的人民币利率（一年期）3.8％来计算，公交集团一年可以额外收取1311万元的利息。

30元钱对普通消费者来说，说多也不多，说少也不少，关键是不用时还可以收回来。但30元对于公交集团来说，却是其利用垄断来获取巨额利润的工具。可不管怎么说，这种垄断经营都是在比较合理的情况下进行的，毕竟，适当收取押金可以督促人们更好地保护公交卡，因为一张公交卡代表30元钱。而有些垄断经营却犹如敲诈，纯粹是非法经营。

2007年8月的一天下午，在重庆一家小公司做兼职的大三学生肖笑下班后决定和一位朋友去吃火锅。她们来到一家常常光顾的火锅店，可令她们既惊讶又扫兴的是，锅底竟然要10元，想想前几天，锅底才6元呢。肖笑便不满地问老板："为什么你们家的锅底要涨价呢？前几天可不是这个价啊！"老板笑着说："附近都是一个价，已经涨了好几天了。"肖笑很生气，但就是不信。于是，她气愤地拉着朋友走了出去，并朝另一家火锅店走去。果然，那位老板没骗她们，这家的锅底也要10元。但是肖笑还是有点不信，于是决定不吃火锅，而是先做个市场调查。经调查，肖笑发现，附近12家火锅店的锅底费均为10元，而偏远一些火锅店的则还是6元，甚至还有2元的。看来，这12家火锅店是事先串通好的，肖笑坚定地这么认为。不久，很多消费者都发现了同样的问题，于是，有人便以一纸公文将这12家火锅店告到了物价部门。后来，物价部门通过仔细地调查、核实，最后确定这12家火锅店属非法垄断行为，并立即责令经营者停止串通涨价行为。

垄断，不管是在什么样的情况下、以什么样的方式出现，都是相

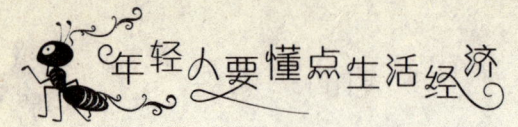

关机构或个人以获取高额利润为目的而进行的经济行为。正如亚当·斯密所表述的那样:"不论是在哪一种商业和制造业,商人的利益在若干方面往往和公众利益不同,有时甚至相反……一般来说,在于欺骗公众,甚至在于压迫公众。事实上,公众亦常为他们所欺骗所压迫。"

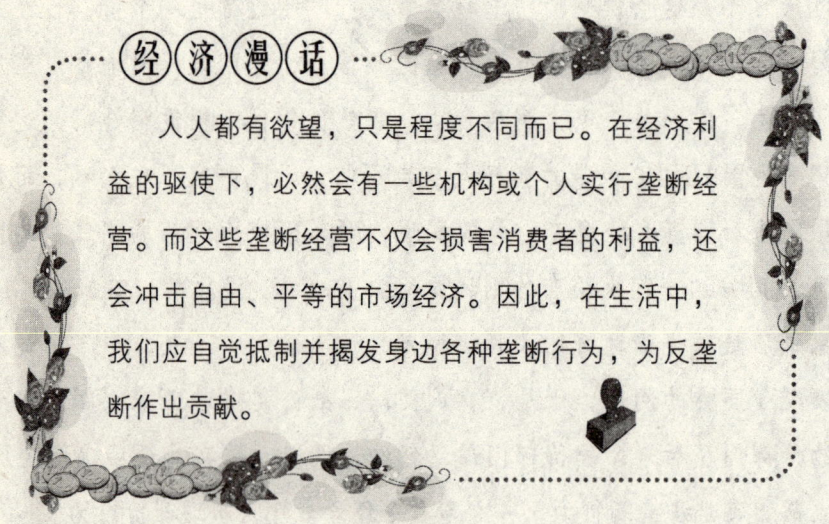

经济漫话

人人都有欲望,只是程度不同而已。在经济利益的驱使下,必然会有一些机构或个人实行垄断经营。而这些垄断经营不仅会损害消费者的利益,还会冲击自由、平等的市场经济。因此,在生活中,我们应自觉抵制并揭发身边各种垄断行为,为反垄断作出贡献。

马太效应：贫者越贫，富者越富

  2010年5月10日，新华社《经济参考报》发表了一篇名为《我国贫富差距正在逼近社会容忍"红线"》的调查报告。在网上，该篇报告立即被疯狂地转载，网友们议论纷纷。的确，中国穷人越来越穷，富人却越来越富，贫富差距日益扩大。这也就是经济学中常说的"马太效应"，它已是中国一个无可厚非的事实。

  "马太效应（Matthew Effect）"一词源于圣经《新约·马太福音》中一则寓言中的名言："凡有的，还要加给他叫他多余；没有的，连他所有的也要夺过来。"该寓言讲的是这样一个故事。

  一位国王出远门前，将银子按照才能比例分给三个仆人，其中一人五千，一人两千，一人一千。后来，领五千的那个仆人用银子去做生意，净赚了五千；领两千的那个仆人，也另赚了两千；而领一千的那个仆人，却一分钱也没赚，因为他领到银子后便将其埋了起来。过了许久，国王回来了。那个领五千又赚五千的仆人上前说："主人，您给我的五千两银子，我用来做生意，又赚了五千。"国王笑道："好，你这忠心且善良的仆人，我要把很多事交给你管理，你可以来

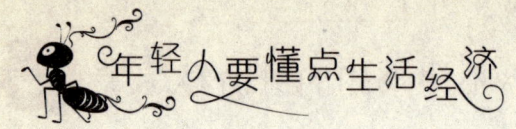

享受像你主人一样的快乐。"那个领两千又赚两千的仆人也上前说:"主人,您给我的两千两银子,我用它赚了两千。"国王也对他说:"好,你这忠心且善良的仆人,我要把很多事交给你管理,你可以来享受你主人的快乐。"最后,那个领一千却一无所赚的仆人也上前说:"主人,我知道您是一个很要强的人,连没有撒种的土地都想收获。于是,我便把您交给我的一千两银子给埋了起来,您看,现在我把它挖出来了。"国王听后大怒:"你这又懒惰又恶毒的仆人!既然知道我连没有撒种的土地也想收获,那么你就该把银子存放在兑换银钱的人那里,等我回来时便可以连本带利收回了。"说完后,国王便抢过这个仆人的一千两银子,给了第一个也就是已经有一万两银子的仆人,并说道:"凡有的,还要加给他叫他多余;没有的,连他所有的也要夺过来。"

  在资源分配时,三个仆人因能力的不同而获得了价值不同的资源。后来,三个仆人又因个人能力的差异而收获不同价值的金钱,再后来,他们又因自己的收获而受到了国王的奖惩,导致资源优越的人变得越来越富有,也越来越有地位,而资源较少的人则变得越来越贫穷,地位当然也越来越低下了。也就是说,因资源分配不均及个人能力不同,这三个人的贫富差距不断扩大。中国贫富差距日益扩大也就是因为资源分配不均及个人能力不同,导致社会财富向少数人手中集中。在资源分配方面,中国城镇分配所得的资源总是要远远高于农村。如2001年全国小学的生均预算内公用经费中,城镇平均为95元,而农村则只有28元,还不及城镇的1/3。其实,不仅是中国,其他国家也是如此。如美国,在21世纪初,全国最贫困家庭的年平均收入仅为16780美元,而最富裕家庭的年平均收入则高达122150美元。

  这就是"马太效应"。"马太效应"是1968年由著名社会学家罗

伯特·莫顿提出来的,主要是用来形容这样一种社会心理现象:"对已有相当荣誉的科学家作出的贡献给予的荣誉越来越多,而对于那些还没有出名的科学家则不承认他们的成绩。"在社会心理学家看来,"马太效应"这种社会心理现象既有消极作用,又有积极作用。消极作用主要指的是,声名远播的和还没出名的科学家如果作出了同样的成绩,声名远播的则比较容易受到表彰,还会引来媒体及膜拜者前来访问,最后这些科学家往往容易飘飘然,以为自己很了不起,导致成就越来越少;至于还没出名的科学家,则可能备受冷落,甚至还会引来妒忌,最后上进心大大受挫。其积极作用指的是,一方面可以有效避免社会过早认可那些还不大成熟的成果,另一方面"名气追加"可以促使还没出名的人努力奋斗。后来,罗伯特·莫顿将"马太效应"归纳为:"任何个体、群体或地区,一旦在某一个方面(如金钱、名誉、地位等)获得成功和进步,就会产生一种积累优势,就会有更多的机会取得更大的成功和进步。"再后来,"马太效应"被引入经济领域。

在经济领域,"马太效应"比比皆是。例如,我国城乡居民的收入差距日渐扩大,据统计,2009年我国城乡居民收入差距为12022元,而2008年为11020元,收入差距在一年中扩大1002元;又如,在股市中,有"强者恒强"、"弱者恒弱"的规律,也就是在一轮上涨行情中,股票涨势会呈现出两极分化现象,其中强势的股票会因为不断有人买入而一直处于强势中,而弱势的股票则会因为无人购买而一直处于弱势中;再如,越是占有大量人才的公司,对人才的吸引力越大,最后人才往往会越来越多;而人才稀少的公司,对人才的吸引力

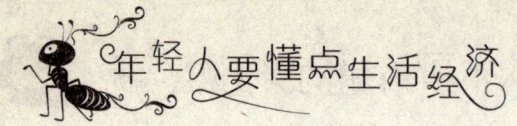

不大,最后仅剩的人才也往往会以竞争力不大,发展空间有限为由而离开。

"马太效应"在我们的日常生活中也随处可见:一个朋友很多的人,随着交往的扩大,朋友会越来越多;而一个朋友很少的人,因为不善于交往,最后连仅有的几位朋友也容易失去。一个具有丰富知识的人,因为不断学习和积累,知识会越积越多;而一个没有什么知识的人,因为不善于学习,最后往往连之前所学的星点知识也忘记得差不多了……

当20多岁的我们找工作时,也常常会遇到"马太效应",即有些人一天之内会收到很多公司的面试通知,而有些人却很长时间也无人问津。究其原因,主要在于企业对专业需求程度不同及个人的知识储备和能力存在差异等。参加工作后,我们也总是会遇到"马太效应",也就是刚开始表现好的人一般会受到公司的重视,因而工资也涨得快,而一些刚进公司便表现平平的人,则容易被领导忽视,因而工资总是维持在原地打转。

在某一软件开发公司上班的菲菲和萍萍是同时面试、同时被录取的。但是,由于菲菲在面试及上班初期的种种表现都要强于萍萍,因此菲菲一下子就成为组长,而萍萍则是她的组员。后来,经理常常给菲菲安排各种进修课程以及和其他企业洽谈的机会,菲菲的专业水平和业务能力不断提高,她的工资在两年中涨了四次。而萍萍呢,由于一直在安分守己地做她的组员,平时表现得也很一般,因此,萍萍并没有得到领导的多大重视,工资除了因转正涨了一次后,很长时间再也没有涨过。看到菲菲每天的笑颜,萍萍陷入了深深的痛苦之中……

菲菲和萍萍的待遇之别,在很多公司都存在,其原因首先是因为受个人能力的影响,其次与领导的重视与否有关。当然,萍萍肯

定也有自己的优势,只是她没有表现出来,因而也就没有得到领导的重视。

总之,"马太效应"使穷的越穷、富的越富,强的更强、弱的更弱,好的愈好、差的愈差等。我们应深谙"马太效应"这种两极分化的影响,以免成为其牺牲品而浑然不知。

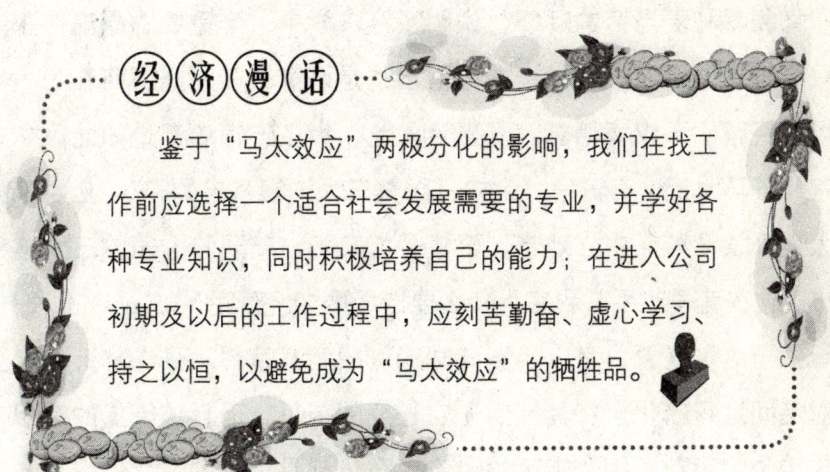

经济漫话

鉴于"马太效应"两极分化的影响,我们在找工作前应选择一个适合社会发展需要的专业,并学好各种专业知识,同时积极培养自己的能力;在进入公司初期及以后的工作过程中,应刻苦勤奋、虚心学习、持之以恒,以避免成为"马太效应"的牺牲品。

聚合经营：为什么有肯德基的地方就会有麦当劳

我们不难发现这样一种现象：不管是在繁华的闹市，还是在僻静的小区，凡是有肯德基的地方，在其附近大多有麦当劳。要知道，肯德基和麦当劳同为全世界最大的快餐连锁店，二者的竞争可想而知。可是，既然是死对头，为何它们还要如此形影相随呢？

肯德基和麦当劳的毗邻，说明了经济学中一个重要的原理，那就是聚合经营。顾名思义，聚合经营指的是两家或多家经营商在同一片市场中经营。不仅肯德基、麦当劳如此，大多连锁店都是如此。如在北京北三环附近，有苏宁、大中、国美三大连锁家电的8家门店。又如在大连开发区商业中心地带，聚集了好又多、新玛特、乐购三大连锁超市。这些竞争对手，到底为什么要选择聚合经营呢？

关于这种现象，有人用豪特林选址模型来解释。豪特林选址模型先对空间进行简化，将其视为一定长度的街道，而且该街道的消费者分布均匀，因此，每个街区的消费者数量都是相等的。我们看下图，假定街道的总长度为1，其中A为坐标原点，B为坐标1的点，如果肯德基和麦当劳要在这一街道选址，它们的策略均是在[0,1]上选择坐标点

位。假设肯德基先选定位置,则麦当劳选址时为了使自己的经营利润最大化,肯定要选消费者数量最多的地带。如果肯德基的策略为X,当X<0.5时,则麦当劳使利润最大化的最佳策略是比X要大一点,也就是紧挨肯德基右边的位置,这时,麦当劳就获得了肯德基右边的全部消费者,这些消费者占了整条街道全部消费者的一大半;当X=0.5时,则麦当劳视利润最大化的最佳策略是0.5,这时,它和肯德基一样,都拥有一半的消费者;当X>0.5时,则麦当劳使利润最大化的最佳策略是比X要小一点,也就是紧挨肯德基左边的位置,这时,麦当劳就获得了肯德基左边的全部消费者,这些消费者占全部消费者的一大半。若麦当劳先选定位置,肯德基的选择策略也如以上所述。如果二者想要均衡竞争,则策略只有一个,那就是都选择0.5,即消费者最集中的地方。

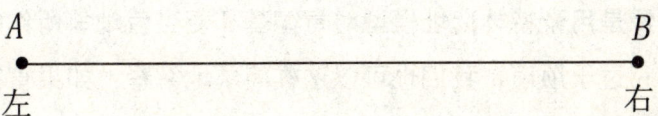

但在实际中,肯德基和麦当劳的选址并不是在一条有固定长度的街道上进行的,而是在一个二维的平面上。此时,我们可将豪特林选址模型应用到二维平面上来。我们先画一个半径为1的圆,圆心坐标为(0,0),假设该圆面的消费者分布均匀。肯德基和麦当劳的选址范围便在这个圆面上,还是假设肯德基先选定位置,其策略为(X,Y)。当(X,Y)不是圆心而是圆中的A点时,则麦当劳的最优策略是在弦AO上紧挨A的点。我们可以用简单的数学原理来证明,假设该点为B点,过B点作一条垂直于弦AO的弦CD,则弦CD和优弧CD所围成的圆面上的任意一点到B点的距离均要小于到A点的距离。这时,麦当劳便获得了弦CD和优弧CD之间的消费者,这些消费者占全部消费者的绝大多部分,其经营利润也就得到了最大化。如下图所示。

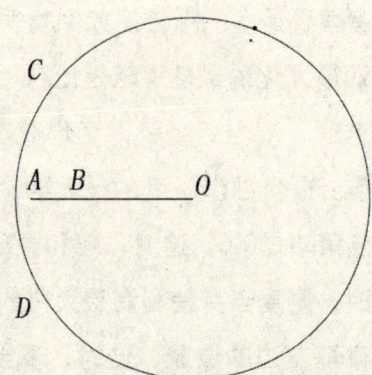

若(X, Y)为圆心,则麦当劳的最优策略也是选择圆心,这样,它和肯德基各拥有一半的消费者。如果麦当劳先选定位置,肯德基的选择策略也如以上所述。如果二者想要均衡竞争,则策略只有一个,那就是都选择圆心,也就是消费者最集中的地方。

以上便是用豪特林选址模型对肯德基和麦当劳毗邻所作的解释。如果觉得它过于烦琐,我们也可以这样简单地解释:如果肯德基先选择某一地点开了张,为了招揽消费者,肯德基在开张之前必然会花一定的时间和金钱进行宣传。一段时间后,当肯德基的消费者络绎不绝时,麦当劳便可以在肯德基附近也开一家店,因为麦当劳和肯德基的产品差不多,消费群体类似,所以当人们去肯德基用餐时发现附近还有一家麦当劳,大多数人会决定下次改吃麦当劳。因此,麦当劳一开张便可借助肯德基的消费群体,而基本不用做什么宣传。这便是经济学中的外部效应,而且是正外部效应。同理,如果麦当劳先在某地开了张,肯德基也会采取同样的策略。

此外,我们还可以从经济学的其他角度来解释,如"马太效应"。罗伯特·莫顿将"马太效应"归纳为:"任何个体、群体或地区,一旦在某一个方面(如金钱、名誉、地位等)获得成功和进步,

就会产生一种积累优势,就会有更多的机会取得更大的成功和进步。"因此,肯德基和麦当劳毗邻有利于产生积累优势,能够吸引更多的消费者,从而使二者都能获得更大的利润。如果肯德基和麦当劳东

一个西一个分布经营,则无法形成积累优势,而且各自经营的风险较大,获利也往往不佳。

其实,撇开经济学的角度,肯德基和麦当劳的聚合经营可以归结为"物以类聚",其典故如下。

春秋战国时期,齐宣王要一位名叫淳于髡的贤士给他找一些贤士来帮助他治理国家。在一天时间内,淳于髡向齐宣王推荐了7个很有才能的贤士。经过考核,齐宣王发现,这7个贤士果然名不虚传。可是,对于淳于髡在一天之中便网罗了7位贤士,齐宣王觉得不可思议,于是便问淳于髡:"我总是听臣子们说人才一般是很难找到的,若在千里之内的土地上,能找着一个贤士就已经很不错了。而你却在一天之中给我找来了7个贤士,你是怎么做到的呢?"淳于髡沉稳地答道:"我们看见的鸟,一般都是同一类的居住在一起;我们看见的兽,也一般是同一类的在路上走着。当大王您要找柴胡和桔梗之类的药材时,若到洼地中去找,则一辈子都不可能找到;但若您到山的北部去找,则可找到一大片。这都是因为天下的生物都是同一类的聚在一起。您看,我淳于髡算是个贤士吧,所以我也喜欢和贤士聚居、来往,因此,您要我找贤士,就像到河里打水一样容易。如果大王您还需要贤士,我还可以向您推荐……

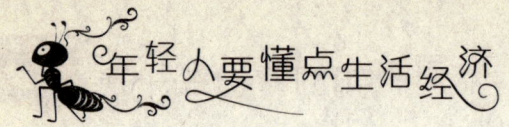

不管从什么角度看,肯德基和麦当劳的聚合经营不无道理,其他的聚合经营也是如此。虽然它们之间也存在着竞争,而且还是激烈的竞争,但它们的利润获得还需建立在共同发展的基础之上。

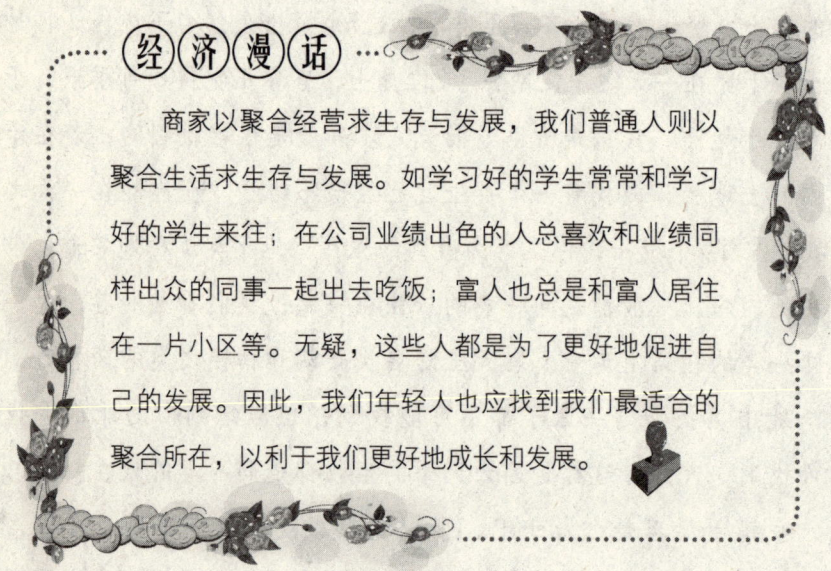

经济漫话

商家以聚合经营求生存与发展,我们普通人则以聚合生活求生存与发展。如学习好的学生常常和学习好的学生来往;在公司业绩出色的人总喜欢和业绩同样出众的同事一起出去吃饭;富人也总是和富人居住在一片小区等。无疑,这些人都是为了更好地促进自己的发展。因此,我们年轻人也应找到我们最适合的聚合所在,以利于我们更好地成长和发展。

价值悖论：物以稀为贵

  古今中外，物都以好为贵，但也有特例，那就是稀有的东西，因此，人们便发明了"物以稀为贵"这一俗语。在经济学中，物以稀为贵被赋予学名，即价值悖论。在我们身边，价值悖论广泛存在，我们应用合理的经济学来解释它们。

  从前，有一个身无分文的穷人，其唯一的财产是一只破旧的木碗。为了生计，穷人来到了一只渔船上做帮工。一天，这只渔船在出海中途遇上了特大风浪，整只船都被淹没在大海中。但非常幸运的是，穷人由于始终紧抱一根木头而成为唯一的幸存者。后来，穷人来到了一个小岛上，小岛上的酋长看见了他的木碗，觉得非常稀奇，便欣然用一口袋最好的珍珠、宝石来交换木碗。

  一只破碗，竟然能和一口袋珍珠、宝石达成交易，听起来似乎有点匪夷所思。这就是典型的价值悖论现象。

  18世纪70年代初，经济学的主要创立者亚当·斯密在其经典著作《国富论》中写道："没什么东西比水更有用，但能用它交换的货物却非常有限，且很少的东西就可以换到水。相反，钻石没有什么用处，但它却可以换来大量的商品。"这便是钻石与水悖论，即价值悖

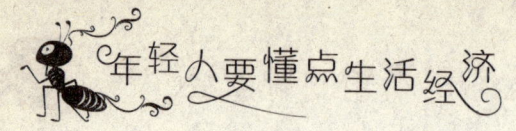

论,也就是我们常说的"物以稀为贵"。

经济常识告诉我们,价值决定价格,因此,我们可以说"物以好为贵"。在另一方面,价格又受供求关系影响,当供大于求时,商品的价格自然会低;当供小于求时,商品的价格自然会高。诚然,水对我们人类具有非常大的价值,它是我们的生命之源,如果没有它,我们就难以生存下去。但地球上的水资源相当丰富,供给远大于需求,因此,水的市场价格就非常低廉。而对于钻石来说,除用作奢侈品,它的价值仅限于工业生产和科学研究,没有它,我们人类也不会受到多大影响。但钻石在地球上是非常少的,而且其开采和加工难度很大,因此,供给非常少,所以其市场价格昂贵。

在我们身边,似乎每天都有"物以稀为贵"的现象发生,这些现象都可以用供求关系解释。

2010年5月某日,在河南某家饭店打杂工的小伙子黄冠在超市进行采购时遇到了个很棘手的问题,那就是该超市的大蒜价格竟然为历史天价——9.50元/斤,而猪后腿的价格却为6.98元/斤。一斤大蒜的价格竟然要比一斤猪肉的价格高得多!起初,黄冠还以为超市标错价格了,后来问过相关工作人员才知价格没错。看见大蒜这么贵,黄冠不知该买还是不该买,买吧,价格实在太贵了,虽说是给老板买的,但他自己平时节俭惯了,即使给别人买东西也要以物美价廉为标准;不买吧,饭店还在等着大蒜呢,回去肯定得挨批。来回想了一会儿,黄冠决定先买别的物品,最后再决定买还是不买大蒜。

以上例子可以看做是大蒜和猪肉悖论。对于大蒜来说,因为受到各种因素的影响(如2007年大蒜价格持续下降,农民种蒜的积极性严重下挫;北方突遇倒春寒、西南地区遭严重干旱等恶劣气候导致大蒜的存活率降低,产量减小;中国大蒜出口增大,导致国内供应减

年轻人不可不知的身边经济学

小等），使大蒜的供给严重小于需求，最终导致大蒜价格出现历史天价。而猪肉却不一样，由于中国政府在2007—2008年实行对养猪大户补贴的政策，以致很多人纷纷养猪，而且猪的出栏时间比较集中，因此，猪肉供给远远大于需求，最后价格只好一路下滑了。

很多东西就是这样，因为供远小于需，所以价格昂贵。为什么春运期间一张火车票可以倒卖出原价两倍甚至更多倍的价格？为什么各种各样的门票，如明星发布会现场门票、歌星演唱会门票、奥运会门票、世博会门票等，价格大多不菲？为什么在古代并不值多少钱的古董在现代却很值钱，以致掀起了古董收藏热，古董拍卖热？为什么限量版的东西价格昂贵，人们还乐意抢购？为什么很多人十年如一日坚持集邮……这一切的一切，我们都应该知道怎么解释了吧。

关于价值悖论，用供求关系来解释是非常合理的，也容易让人们接受。此外，经济学界还存在一种合理的解释，那就是西方边际学派的边际效用价值论。边际效用指的是在某一特定时间内，消费者增加一个单位商品或服务所带来的新增效用，其价值尺度是满足人们最后的也是最小欲望的那一单位的效用。在该理论看来，物品的价格或交换价值是由其边际效用决定的，而不是由其全部效用或使用价值决定的。我们知道，水对我们的生存及发展是非常重要的，但我们身边的水资源又是相当丰富的，因此，满足人们最后欲望那一单位的水的效用也基本不存在了，也就是说水的边际效用就相当于0了。而对于钻石来说，对我们的生活及发展并无多大的作用，但钻石产量非常少，因此，钻石的边际效用就非常大。对于边际效用小的物品，人们往往倾向于用低价支付，如果边际效用为0，则物品基本是不需要花钱的，如空气；对于边际效用大的物品，人们往往愿意用高价支付。此外，在边际效用价值论看来，商品的价值其实体现了人们的一种主观心理现

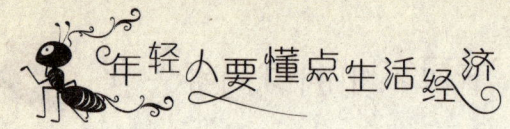

象，人们对物品的欲望有一个随欲望的满足而递减的过程：当满足人们的物品非常多甚至无穷无尽时，该物品便会完全满足人们的欲望，也就是说人们的欲望强度会递减为0。比如，在你非常饿的时候，你一下子买了十个馒头，当你吃第一个的时候，你会觉得馒头非常好吃，于是又吃第二个、第三个，馒头口感还是不赖，但当你在吃第四个、第五个馒头时，你也许就不再想吃了，因为前面吃的馒头已差不多满足你的胃了。如果你是个爱惜粮食的人，你可能会继续吃下去，但当你吃完最后一个馒头时，你肯定是非常痛苦的。因此，当一种物质增加时再也无法引起人们的欲望时，其边际效用就基本不存在了，水就属于这种情况。边际效用的递减规律还可用于解释我们的生活状况。如我们若在一个地方待久了，便想换个新的环境；我们若天天吃同一份早餐，总有一天会换换口味；我们若不满足于现状，便想求新求变等。

不管用供求关系来解释，还是用价值悖论来说明，价值悖论始终是经济学中的一大亮点。我们年轻人不能不知其中的缘由。

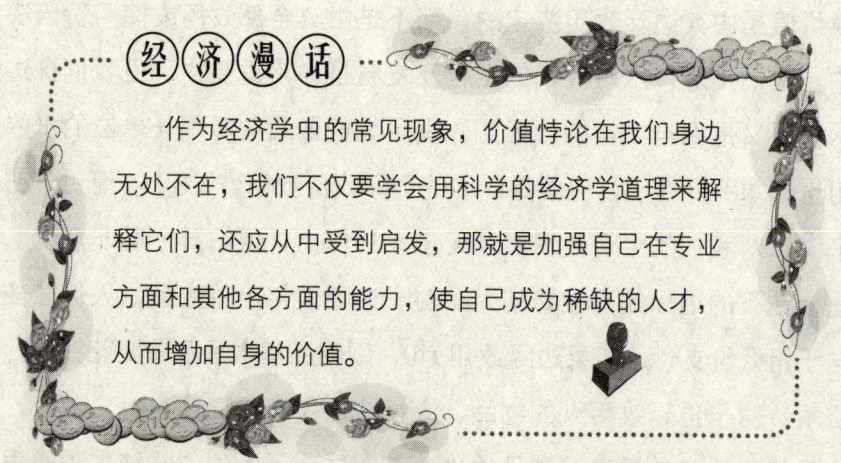

经济漫话

作为经济学中的常见现象，价值悖论在我们身边无处不在，我们不仅要学会用科学的经济学道理来解释它们，还应从中受到启发，那就是加强自己在专业方面和其他各方面的能力，使自己成为稀缺的人才，从而增加自身的价值。

年轻人不可不知的身边经济学

打折：天上不会掉馅饼

经济学家琼·罗宾逊夫人曾说："学习经济学的目的不是找到一大堆答案来回答经济问题，而是要学会不要被经济学家欺骗。"打折便是商家常用的一种欺骗手段，我们消费者千万不可上当，毕竟天上没有掉下来的馅饼。

打折也就是折扣，指的是商家对商品实行让利、减价等价格优惠手段，以吸引消费者前来购买，达到促销的目的。

商家打折的方法多种多样，如在某一特定期间直接减价、返还代金券、举行特卖活动等。而打折的原因大多是因为商品处于销售淡季或是商品已经陈旧，如果这些商品以原价标售，则没有什么人愿意买，这时商家就会亏损很大。为了避免严重亏损，商家只好降低这些商品的价格，让利销售，从而收回一些本钱。但如今，打折似乎已成为商家的家常便饭，新店开张要打折、店庆周年要打折、节假日期间要打折、季末清仓要打折、新货上市还是要打折……打折，现在这种情况很普遍。

由于家家都打折，天天都打折，消费者往往会经不住诱惑，于是今天去这家抢购，明天再去另一家抢购。但消费者应该清醒地意识

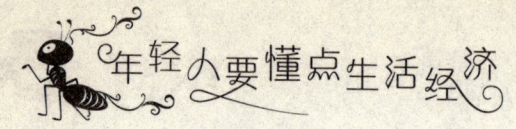

到,天上没有掉下来的馅饼,打折只不过是商家薄利多销的一种价格大战法,而不是什么善举。要知道,价格反映价值,打折的商品终究是打折的商品,它的质量再好也没有正品好。如果商品为吃的,则大多快到期了或是没到期但口感较差;如果是穿的,则大多是断码,这些断码商品或多或少都有些问题,如陈旧、过时、缺损等,要不怎么没人买而要被特殊处理掉;如果是用的,也大多有或大或小的毛病。而偏偏,这些打折商品一般都是不能退换的。因此,很多人买完商品发现问题后,只能自认倒霉了。

二十岁出头的马琳很喜欢逛街买衣物,而且还特爱光顾一些打折的店家。在她看来,买原价的品牌衣物实在是太亏了,还不如等待厂家打折时再去淘几样物美价廉的。一天,马琳在某品牌鞋专卖店花80元钱买了一双原价为329元的高跟凉鞋。当时试穿,还挺合适,于是,马琳三下五除二便把这双鞋买走了,心里还美滋滋的,打了不到4折呢!可是,二十多天后,马琳发现鞋底出现了一条裂缝。马琳很生气,便拿着当时商家开的发票来到了专卖店,但是,店员却坚持说,打折商品不退换、不包修。马琳无语,只好自认倒霉,乖乖回去了。

很多买过打折商品的人都遇到过和马琳类似的经历。其实,打折、特价的商品也享有"三包"服务。据《我国消费者权益保护法》规定,"经营者应当保证在正常使用商品或者接受服务的情况下,其提供的商品或者服务应当具有的质量、性能、用途和有效期限;但消费者在购买该商品或接受服务前已经知道其存在瑕疵的除外";"经营者不得以格式合同、通知、声明、店堂告示等方式作出对消费者不公平、不合理的规定"。此外,关于鞋类,很多地区还有一个新的"三包"限期,即售价在100元以下的鞋类"三包"期限为30天,在100~300元之间的"三包"期限为90天,300元以上(包括300元)的

则为120天。因此,商家拒绝对打折商品实行"三包"服务是有悖我国法律和地方规定的。

时下,很多商家为了吸引消费者,还实行变相的打折手段,如买一赠一。买一赠一本来的意思是消费者以原价买入某商品后还可以免费获得一件同样的商品,也就相当于买两样,打半折。这虽带有一定的强卖性质,但对消费者来说还是很划算的。可如今,买一赠一中的"赠一"大多不是同等大小和质量的商品,而是一些比较小的、劣质的、将过期的甚至是假的商品,所以买一赠一其实是"买大赠小"、"买优赠劣"、"买畅赠滞"、"买真赠假"等。在这些买赠之中,"买大赠小"听起来似乎最合算,如买一箱24盒的牛奶可以免费获得5袋250毫升的牛奶,买一瓶400毫升的洗发露可以

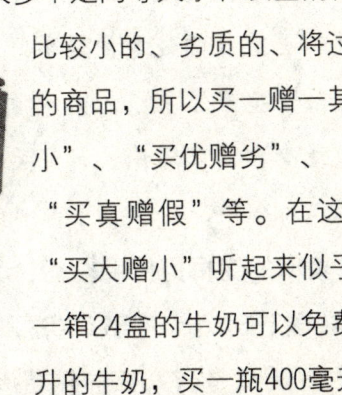

免费获取一小瓶100毫升的润发乳等,这些策略使消费者觉得很划算而纷纷购买。这些赠送的东西真的只是赠送的,不需要花钱买吗?其实不然,商家是悄悄做了手脚的。他们一般会把这些赠送的商品价格附加在要卖的大的商品之内,如本来一瓶5升大豆油的价格为48.5元,当商家实行买大送小,即再送一小瓶价格约为3.5元的200毫升的大豆油时,便会悄悄将48.5元改为52元,若商家担心价格提得太明显,则会将价格略微调低一些。这时,也许你要说,有些商品真的是赠送的,那些大的商品以前单卖时和买大赠小的价格一样。的确,这种现象也常出现,但这些赠品大多都有点问题,如可能快过期或是质量要次些等。

准备结婚的郑先生在某品牌家具卖场购买了一张床,当时厂家正

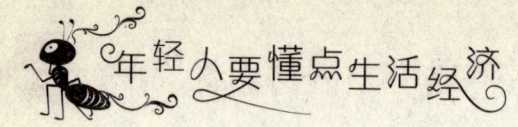

在大搞"买一赠一"的促销活动,也就是买一张6000元的床后白送一套价格约为1500元的床上用品。当然,消费者也可以不要赠品,这时可以享受9折优惠。郑先生仔细想了想,若是只买大床而不要赠品,打9折,最后只需交付5400元;若是要赠品,也就是说只需花4500元买一张床,相当于打了7.5折。最后他觉得还是选择赠品合算,而且床上用品也是要买的,这会儿白送,不要白不要。于是,郑先生便用卡刷了6000元。可当服务员给他送来赠品时,郑先生竟然发现赠品根本不是同类品牌的商品,更重要的是质量很不好、款式也较差。可是,钱已经交了,郑先生后悔也来不及了。由于他是某中学的语文老师,以儒雅著称,所以也没有和商家理论,只好丢下赠品,气嘟嘟地叫人把床运走了。

与买一赠一类似的变相打折手段是"满多少送多少",如"满200送50"、"满500送100"、"满1000送200"、"满10000送1500"等。这种满送的方法也是商家抓住消费者爱贪小便宜的心理而提出的,因为很多消费者一般会因为经不住送的诱惑而不断购买,以凑满可以获赠的标准为止,而且往往是凑满了一种,再凑一种,好像要获得所有的优惠才划算。

2010年五一期间,某服装专卖店推出"满500送150"、"满1000送500"等让利促销活动。5月2日,文欣在该专卖店买了一件价格为359元的连衣裙,可鉴于"满500送150",文欣又挑选了一件价格为149元的衬衣。后来,她又觉得"满1000送500"更合算,于是又开始挑选其他衣物,以凑满1000元。回去经过一番细算后,文欣发现自己不但没有省下钱,还花了不少冤枉钱买了很多不该多买的衣服。

不管是文欣,郑先生,还是马琳,他们都是中了商家的"温柔陷阱",不但没有捡到便宜,还招来了经济上的损失。这是商家的欺骗

所致，也是消费者贪小便宜的心理使然。

　　根据世界著名食品企业纳贝斯克食品有限公司多年的促销经验可知，通过打折销售商品可以增加23％的销量。因此，以最大限度增加销量、获取利润为目的的商家是不可能放弃打折的。为了保护自己的钱财不被商家骗取，我们只有坚定自己的原则，不被商家的打折优惠所诱惑。

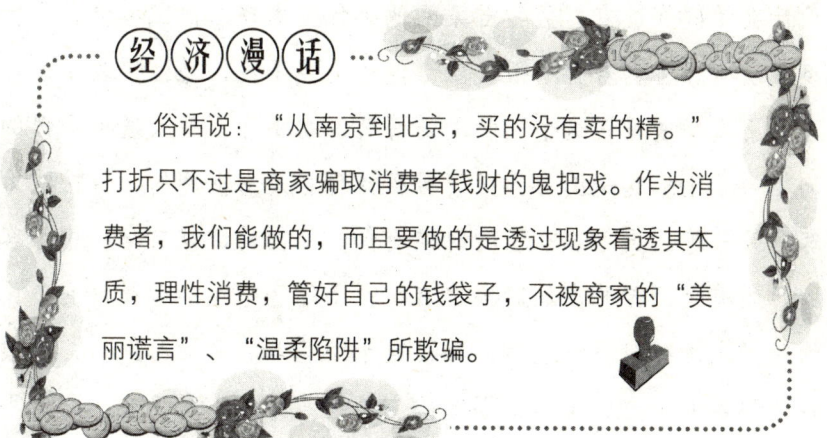

经济漫话

　　俗话说："从南京到北京，买的没有卖的精。"打折只不过是商家骗取消费者钱财的鬼把戏。作为消费者，我们能做的，而且要做的是透过现象看透其本质，理性消费，管好自己的钱袋子，不被商家的"美丽谎言"、"温柔陷阱"所欺骗。

价格歧视：学生半价票的背后

每逢寒暑假，在外地读书的学生坐火车回家时都可以享受到车票半价的优惠。这是铁路部门考虑到学生基本没有经济收入而给予的特殊关照吗？表面上看是这么回事，但实际上这里蕴藏着一个重要的经济学原理：价格歧视。

战国后期，一位名叫冯谖的人生活穷困，食不果腹，只好向孟尝君求助，甘当其门下食客。孟尝君便问他的爱好有哪些，他回答说自己什么爱好都没有。孟尝君又问他有什么本事，他回答说自己什么本事也没有。孟尝君听了很失望，但还是笑了笑，勉强接收了他。孟尝君的用人知道冯谖这个人既没爱好又没本事后，每天送给冯谖的饭菜均粗劣无比。这是因为，孟尝君招待食客是有惯例的，他按能力将食客分为三等，上等客吃饭的时候有鱼，外出的时候有车；中等客吃饭的时候有鱼，但外出的时候没有车；下等客吃饭的时候没有鱼，外出的时候也没有车。很显然，冯谖属于下等客。一段时间后，冯谖倚着柱子弹着他身上的宝剑，唱道："长铗归来乎！食无鱼。"意思是说，长剑啊，你还是跟我一起回家吧，在这里待遇不好。用人便把这件事告诉了孟尝君。没想到孟尝君竟要求用人以后每天给冯谖鱼吃，

把他当成中等食客对待。又过了一段时间,冯谖又弹起了他的宝剑,唱道:"长铗归来乎!出无车。"用人们听后都嘲笑他,但还是把这件事告诉了孟尝君。随后,孟尝君给冯谖准备了车马,像招待上等食客一样招待他……

其实,冯谖是一位高瞻远瞩、具有深谋远虑的战略家,他当时说自己没有爱好、没有才能只是为了试探孟尝君的眼光和胸怀。后来,冯谖终于被孟尝君的诚意打动了,便决定为孟尝君效劳,有利地稳定了孟尝君的政治地位。再回到故事中,孟尝君将他的门客分为三等,不同等级的门客受到了不平等的待遇,也就是说受到了歧视。在经济学中,消费者也是分为三六九等的,也受到了歧视,即价格歧视。

价格歧视指的是厂商在同一时间对同一产品或服务提供两种或两种以上的价格。对于厂商而言,实行价格歧视有利于获得更多的利润。商家若把价格定得高些,利润空间看起来很大,但由于富裕的消费者或是奢侈的消费者不是很多,因此卖出去的产品一般都较少,总的利润也就要小;若把价格定得低些,则会有较多的消费者,卖出去的产品也就较多,但由于每件产品的利润小,因而总的利润也要小。针对这种情况,商家便实行价格歧视策略,根据不同的消费者采取不同的价格策略,使商品既能赚足富人或奢侈者的钱,又能兼顾经济条件较差或比较节俭的消费者,从而使利润达到最大化。

价格歧视听起来有点玄乎,但它其实很简单,看看我们身边的例子就知道了。如学生去收费的景点旅游,旅游部门只需收取其半价的门票即可,这样既可以促使经济能力低的学生去旅游,又可以向经济条件好的消费者收取较高的费用;大型超市都喜欢向外发放会员卡,这样做的目的主要是因为一些经济条件不好的顾客对价格比较敏感,他们会因为持有会员卡可以享受便宜的会员价而加大消费,当然这也

年轻人要懂点生活经济

不影响经济条件好的顾客的消费，毕竟他们不会在乎那点钱；去肯德基、麦当劳用餐，人们凭优惠券便可以吃到优惠套餐；还有，你若经常光顾某家美发店，老板会因为你是老顾客而可能给你打个七折或八折，等等。

经济歧视就是这么普遍，商家似乎都是势利眼，喜欢看人下价。

一天，小胖下班后想给新婚的妻子买点礼物。他来到了一家女士饰品专卖店，决定买一条丝巾。他指了指一条粉色的丝巾，问老板多少钱，老板说："300元。"小胖二话没说，付了300元买了那条丝巾。回家后，小胖高兴地把丝巾送给妻子，妻子微笑着问多少钱，小胖如实汇报。妻子听后，很生气，说那条丝巾根本就不值300元，她前几天也买了同一款的，只是颜色不同而已，才花了80元，当时老板要价也只不过120元而已。妻子还告诉他，以后不要自己一个人给她买礼物了，老板都是这样，喜欢搞什么价格歧视，对购买女士物品的男士总要开出比较高的价格。小胖点了点头。又有一天，小胖开着宝马汽车，带着劳力士手表，到路边一家成衣店买衣服。当他看好一件衬衫问老板怎么卖时，老板看了他一眼，说："1000元！"小胖一听，觉得太贵了，妻子知道后肯定又得生气，于是就从店里出来了。回家后，他把这事告诉了妻子，聪明的妻子狡黠一笑，在他耳边说了几句话，小胖"嗯"了一声。几天后，只见小胖穿着一件旧衬衫，骑着一辆破自行车，又到了那家店里，问老板他之前看好的那件衬衫多少钱。老板瞟了他一眼，说："一口价，100元。"小胖高高兴兴地付了100元钱拿走了那件衬衫。

年轻人不可不知的身边经济学

很多男士像小胖一样,给自己心仪的女子或妻子买礼物时,总是被商家狠宰。这是因为男士购买礼物时,一般看重的是物品,而对价钱的考虑则较少,并且对价格贵贱的敏感程度也不高。商家就是利用这一点狠宰男士的。不少消费者也和小胖一样,因为穿着很考究而花了不少不该花的钱。这是因为商家喜欢观察顾客的穿着打扮,以此来判断顾客的经济条件及消费能力,从而开出不同的价格。

在众多价格歧视现象中,飞机票的价格歧视最具代表性。如商务旅行的飞机票一般要比普通旅行的飞机票贵,主要是因为商务旅行的消费者一般都是公司报销票价,而且时间比较紧急,基本上不会考虑机票价格贵贱。而普通旅行的消费者一般是自己掏钱包,而且可以提前打听各航空公司的票价,最后选择其中价格最低的那家。在欧洲大多国家,飞机票的价格歧视表现得更为明显,不仅头等舱、商务舱和经济舱的价格相差较大,而且相邻的两个舱位也可以相差一倍,此外,经济舱有时甚至比头等舱还要贵。这主要是因为航空公司为了实现利润的最大化而根据不同的乘客对飞行服务的不同需求来制订出不同的价格标准。还有,在一些场合下,一些机票的价格甚至还可以低到令人意想不到的价位。

被称为"经济旅行学家"的朱兆瑞,一次从巴黎飞往伦敦时,机票钱才花了6.3英镑,而正常航班的票价为181英镑。更令人想不到的是,他后来从比利时飞往伦敦时,机票钱竟然只花了0.01欧元,折合成人民币仅8分钱!

价格歧视就是这样普遍而又常常令人意想不到,同时,它也越来越受商家和广大消费者的欢迎。因为对于商家来说,价格歧视是一种非常有效的营销策略;而对于广大经济条件欠佳的消费者来说,价格歧视也不失为一种节省开支的有效途径。只是苦了那些经济条件好的

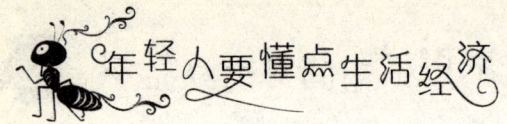

消费者，不过，价格歧视对他们也不会有多大影响，况且世界上的有钱人毕竟占少数。因此，价格歧视是一种对商家和消费者互惠互利的手段。

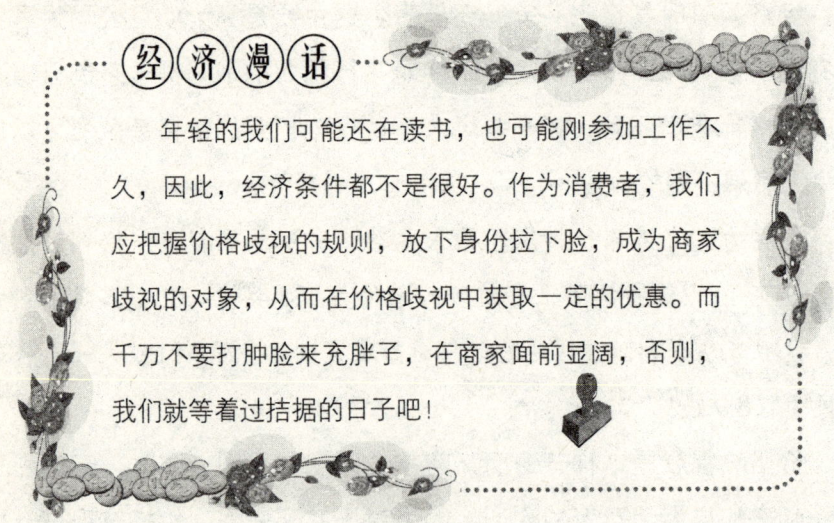

经济漫话

年轻的我们可能还在读书，也可能刚参加工作不久，因此，经济条件都不是很好。作为消费者，我们应把握价格歧视的规则，放下身份拉下脸，成为商家歧视的对象，从而在价格歧视中获取一定的优惠。而千万不要打肿脸来充胖子，在商家面前显阔，否则，我们就等着过拮据的日子吧！

广告：令人厌烦又令人追捧的宣传

当我们打开电视观看自己喜爱的电视剧时，当我们拧开收音机收听自己喜爱的广播节目时，突然，画面出现了异样，声音出现了转换，烦人的广告又来了。于是，我们换台，或是离开干点别的事，懒一点的话就让广告自行播放完。可由于广告时不时骚扰我们的视听，无形中给了我们一个指示，以至于我们鬼使神差地相信它们，追捧它们。

据考证，"广告"一词最初来源于拉丁文advertere，含义为"注意、诱导、传播等"。到了14世纪左右，advertere演变为advertise，意思为"使某人注意到某事"或者是"通知某人某事，以引起其注意"。17世纪末，英国率先进行大规模的商业活动，advertise被广泛运用，这一时期的广告指的是一系列的广告活动，而不是指单一的一则广告。广告发展到今天，出现了广义和狭义之分，其中广义的广告包括经济广告和非经济广告，狭义的广告仅指经济广告。在这里，我们主要讲的是狭义的广告，也就是经济广告，它指的是商品生产者、经营者为了扩大经济效益，通过各种媒体和渠道，公开而广泛地向消费者传递信息、推销产品的一种宣传手段。

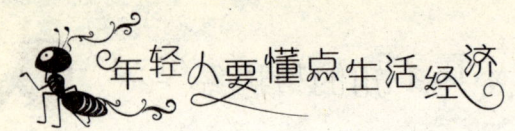

年轻人要懂点生活经济

如今，我国广告业发展得很迅猛，各种各样、各行各业的广告无时无刻不在充斥着我们的视听，例如电视广告、报纸广告、杂志广告、平面广告、墙体广告等，包括脑白金、黄金搭档、太太口服液、妇炎洁等保健品类，旺旺、今麦郎弹面、达利园优酸乳、可爱多等饮食类，好记星、步步高、诺亚舟等教育电子产品类，等等。这些广告要么在固定的时段通过电视、广播等媒体插播，要么在某段时间内印刷在报纸、杂志或墙体等上面，它们大多能在短期内以星火燎原之势，席卷全中国。因这些广告反反复复，没完没了，久而久之，消费者备感厌烦甚至是厌恶。

"今年过年不收礼，收礼只收脑白金"，这一在网上被评为"第一恶俗"的脑白金广告年年播，天天唱，时时插，狂轰滥炸中国人民十余年了，使老的、少的都觉得很厌烦，甚至觉得土得令人恶心。但是，令人不解的是，脑白金产品却大卖特卖，创下几十个亿的销售额。脑白金CEO史玉柱曾说："自从有十差广告榜起，我们每年都蝉联十差广告之首。十差广告排名第一的是脑白金，黄金搭档问世后排名第二的是黄金搭档。但是请注意十佳广告是一年换一茬，十差广告却年年都不换。"很明显，史玉柱追求的是一种"不怕被厌恶，只求被记住"的境界。因为脑白金广告的声音、画面无时无刻不在骚扰人们的视听，使人们深深记住了脑白金，以至于在选择保健品的时候首先想到的就是脑白金，于是，人们的厌烦到最后选择时却变成了追捧。所以，每逢过年过节，或是空闲之余，很多年轻人探望父母或其他长辈，都会拎上一两袋脑白金。这是最差广告的效应，更是史玉柱的过人之处。

同样,令人厌烦又令人追捧的广告还有哈药六厂、好记星、妇炎洁等。如哈药六厂,只要打开电视机,我们便会在10分钟内看到、听到哈药六厂的广告,这主要是因为哈药老总为了增强广告效应,采取了一种新的广告模式,即事先和电视台谈好一个价码,如一年给1000万元,然后要求电视台不管时段,随意插播广告。这种广告模式比在特定的时段按时插播更令人生厌。但是,哈药六厂的认知度和销售额却相当可观,据悉,哈药六厂的主打产品"盖中盖"的认知概率曾在90%以上。

最近,今麦郎方便面推出了一款新产品——直面。一瞬间,电视、报纸、户外广告牌上,都出现了一位一只手端面,另一只手拿筷子的时尚却表情奇怪的女子。这位女子仿佛正要吃面,但不知为何面还没到嘴里,嘴巴却嘟起来,似乎在尖叫。还有,她的眼睛瞪得大大的,头发直竖起来,如触电了似的。在她的下面,是一行这样的广告语:"直面,顺溜极了。"这样一则广告,初看令人不解,为什么要用女子如触电般竖起来的直发来形容"顺溜极了"呢?可令人不解不要紧,但也不要把别人吓着啊!据一位网友反映,他妈妈看到该广告后差点吓出心脏病来;还有一位网友说,一个两岁的小孩看到该广告后吓得哇哇大哭。若再看,反复看,越来越多的人便会觉得该广告没有创意,低俗,令人生厌、恶心。但由于该广告具有强悍的视觉冲击效果,很多消费者会带着尝尝的心态去购买直面,这样便有利于促进直面的销售。

商家如此狂打广告值得吗?发行广告可不是免费的,而是需要花钱的,甚至可以说是巨额。特别是在中央电视台插播的广告,其要付出的款额更高。据悉,2009年,中央电视台黄金广告招标的总额高达92.5627亿元,其中纳爱斯以3.05亿元的价额中标2009年全年电视剧

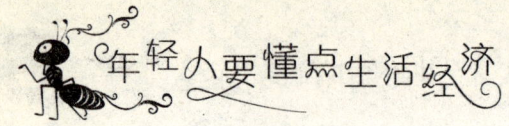

特约剧场。现代社会不再是"酒香不怕巷子深"的古代社会了,一种很香的酒如果没有广告把它引出去,是没有多少人能真正闻到其香味的。曾有人给出过这样的公式:好产品+好广告=名牌。是啊,一个企业生产了好的产品后,应在第一时间打出广告,让更多的人知道这种产品,从而抢占市场,否则,消费者早就被别的商家吸引过去了。

所以,在传媒高度发达的今日,商家正是通过反复利用令人厌烦的广告来刺激消费者的视听,从而提高其产品的认知度。广告,在中国就是这么令人厌烦却又令人追捧。

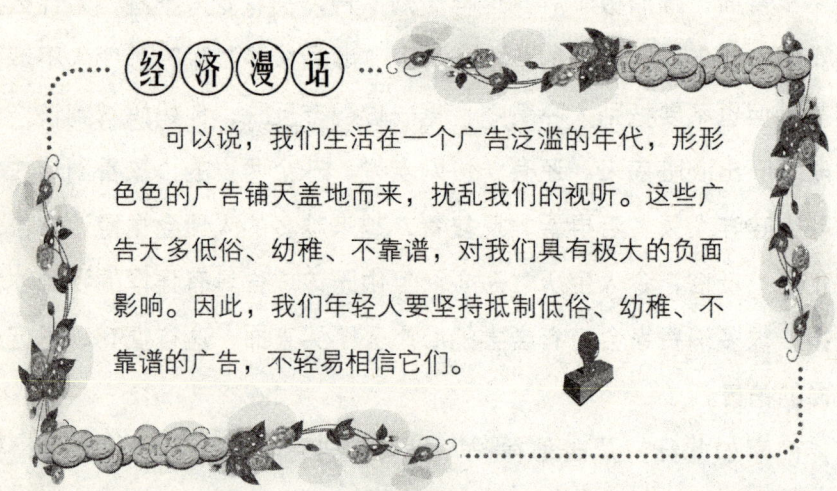

经济漫话

可以说,我们生活在一个广告泛滥的年代,形形色色的广告铺天盖地而来,扰乱我们的视听。这些广告大多低俗、幼稚、不靠谱,对我们具有极大的负面影响。因此,我们年轻人要坚持抵制低俗、幼稚、不靠谱的广告,不轻易相信它们。

品牌效应：只买贵的，不买对的

"我们的口号是：只买贵的，不买对的。"这是电影《大腕》中一句经典的台词。的确，随着生活水平的提高，人们越来越注重生活品质，吃的、穿的、用的大多以贵为先。由于这些贵的东西一般是品牌，因此，经济学中将这种现象称之为"品牌效应"。

要了解品牌效应，首先应了解品牌。顾名思义，品牌指的是商品的牌号。一提起品牌，年轻人一下子可以列举出无数的品牌名。但又有多少人知道品牌是如何来的呢？品牌的英文名称为brand，来源于挪威文brandr，意指"烧灼"。古时，西班牙的牧民为了便于很快区分出自家的牛、羊等家畜，而在牛、羊等身上烙下标志。在中世纪的欧洲，一些手工艺人借用这种烙印方法在自己生产的手工艺品上打下烙印，以此为标志，从而便于顾客认买，这便是品牌的雏形。到了16世纪初期，蒸馏威士忌的厂商为了防止别的商人使用非法手段偷换他们的商品，就将威士忌装入一种烙有生产者名字的木桶之中。1835年，为了维护威士忌的质量声誉，苏格兰的酿酒者便使用了"OldSmuggler"这一品牌。后来，世界各地的商家都纷纷使用起了品牌。

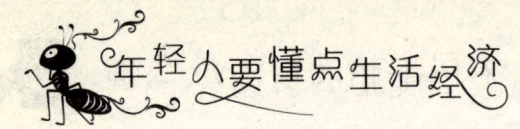

对于生产或销售的企业来说,品牌是一个名称、一种符号,其设置的目的是为了识别生产者或销售者的产品或劳务,以及便于与同类产品和劳务区分开来。对于消费者来说,品牌是消费者对某种产品的优良性能、过硬的质量以及完美的售后服务等所形成的一种认知。因此,不难得知,品牌效应是由品牌为企业带来的效应,它是建立在消费者认知的基础之上的,是企业和消费者共同促成的。因此,品牌效应意味着低成本、高收益、高质量和高信誉。

由于低成本和高收益,品牌效应已渐渐成为企业的一种无形资产,也越来越受到世界各国企业的重视。又由于高质量和高信誉,品牌效应越来越受到消费者的认同和追捧。

小贝上大二了,决定买台笔记本电脑。一天,他拿着父母给的8000元钱来到了市区某电脑专卖店。他本来看好了一台4000多元的笔记本电脑,可老板又顺带说了一句:"这儿有台更好的,是Apple的,只需7999元,要不要看看。"小贝又仔细看了看那台7999元的,觉得也很不错,关键还是Apple的。可是,到底买哪台呢?小贝陷入了思想斗争:买4000多元的吧,配件的性能肯定要差些;买7999元的吧,配件肯定没的说,可是太贵了点,而自己在经济上还没独立,吃、住、用都得靠父母。后来,经过再三衡量,小贝决定买7999元的Apple的笔记本电脑,毕竟一分钱一分货,东西虽然贵了点,但花得值。

如今,品牌效应已深入消费者生活的各个方面。人们吃什么、穿什么、用什么大多要讲究牌子。在人们看来,品牌已不仅代表高质量和高信誉,也代表着身份和地位。因此,人们盲目地信任品牌,乐此不疲地追求品牌,以为是品牌的东西就是好的东西,而那些不是牌子的东西根本就不值得一用。这其实是人们的消费误区,会给人们带来一定的经济和精神损失。

年轻人不可不知的身边经济学

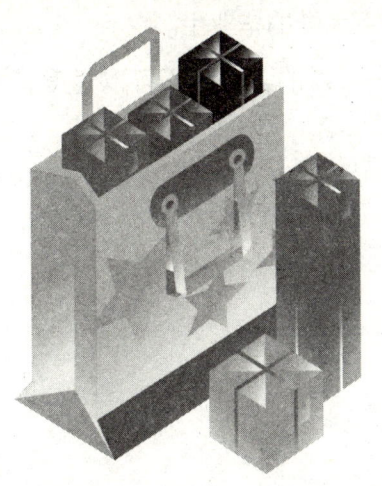

今年28岁的准妈妈苗女士，为了防止胎儿畸形，从去年开始怀孕便一直服用叶酸片。刚开始时，婆婆在当地一家计生机构给她买了一瓶叶酸片。可是，这瓶叶酸片只花了9元多钱，苗女士知道后，不敢服用。婆婆便说，叶酸片在一般的计生机构都是这个价。但苗女士就是不服用，坚持对婆婆说，这药太便宜了，不靠谱，而且怀宝宝是重要的大事，应该服用贵些的药。后来，婆婆便到一家比较有名的药店里花了120多元钱买了一种品牌叶酸片，苗女士这才放心服用。一个多月后，苗女士到医院去做妇检，医生说她服用叶酸过多，已经对胎儿产生了不利影响。原来，那瓶120多元一瓶的叶酸片每片叶酸含量为5毫克，而一般叶酸片每片叶酸含量仅为0.4毫克。更严重的是，苗女士按照叶酸片说明书每日坚持服用了6片，也就是30毫克，而正常情况下，一天只需服用0.4毫克就可以了。苗女士后悔极了，无奈之下，只好做了流产手术。她发誓，以后再也不会只买贵的而不买对的了。

药品关系到人的生命健康，因此很多消费者和苗女士一样，认为只有贵的药品才有效用。他们对品牌的过度信任和盲目追求到头来只能给自己及家人带来严重的经济损失和精神损失。

品牌效应不仅表现在消费市场上，在人才市场上也是无处不在。也就是说，企业尤其是国企一般倾向于录用名牌大学、重点大学的毕业生，而对普通高校毕业生或多或少有点瞧不起。其实，按专业知识和业务能力，一些名牌大学、重点大学的毕业生未必比普通高校毕业生强，但由于名牌大学、重点大学在社会、在人们心中的名声好，因

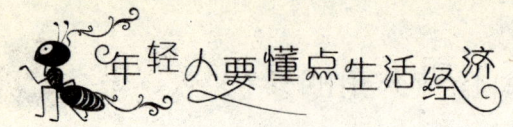

而企业单位也就倾向于录取名牌大学、重点大学的毕业生。

品牌是个中性的词汇,适当地追求是可以的,但绝不可以过度,否则,后果将不堪设想。

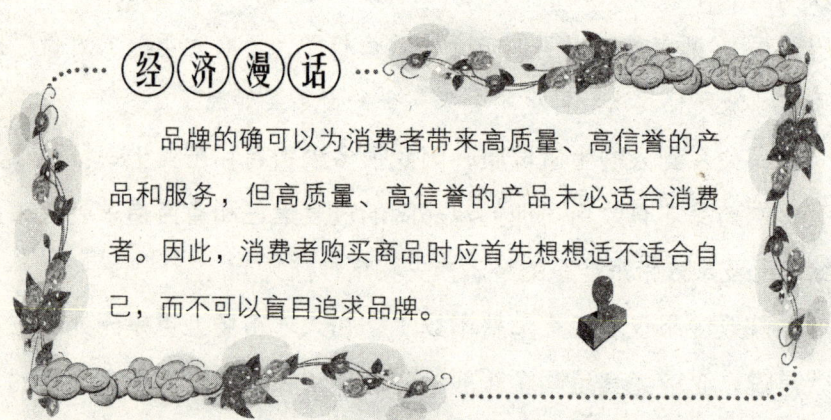

经济漫话

品牌的确可以为消费者带来高质量、高信誉的产品和服务,但高质量、高信誉的产品未必适合消费者。因此,消费者购买商品时应首先想想适不适合自己,而不可以盲目追求品牌。

羊群效应：年轻人究竟为何爱赶时髦

　　如今，年轻人的一些行为越来越令老人们大跌眼镜了，什么染发、文身、染指甲、穿奇装异服等。本来，最初只有一两个人这么做，但后来，越来越多的人纷纷效仿。这就是年轻人所谓的"赶时髦"，也是经济学中的"羊群效应"。

　　有人在一群羊面前横放了一根木棍，当第一只羊跳过去后，第二只、第三只也跟着跳了过去。这时，木棍被撤走了，但后面的羊跟过来时，仍然像之前的羊一样，向上跳了过去。人们把这种现象称为"羊群效应"。后来，法国一名科学家曾将很多松毛虫一条条地放在一只花盆的边缘上，使其头尾相连接，最后形成一个圆圈。然后，科学家在花盆附近撒了些松毛虫爱吃的松叶。科学家发现，这些松毛虫一直沿着那个圈圈爬行，一个跟着一个，一圈又一圈，谁也没有改变方向。7天7夜过去了，松毛虫最终因劳累、饥饿过度而一一死去。这一实验有力证明了"羊群效应"的客观存在性。

　　在经济领域，"羊群效应"最初为股票投资中的术语，指的是股票投资者在买卖股票时的模仿、跟风现象。例如，当领头羊（如庄家）启动了，整个羊群都会时刻注意其一举一动。领头羊到哪里"驻

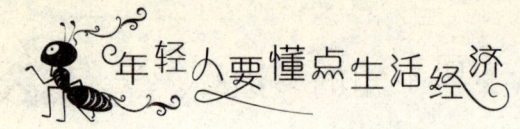

扎"、"吃草",整个羊群便会不假思索地纷纷跟着"驻扎"、"吃草",而不顾前面是否有狼或者考虑别的地方是否有更优质的草,结果大多都挫败而归。这主要是因为,"羊群效应"具有趋同性,会大大削弱市场基本面因素(如国家宏观经济形势)对股票价格走势的影响。当股票市场存在"羊群效应",也就是很多投资者在差不多同一时刻买进或卖出相同的股票时,买卖的压力便会大大超过市场所能提供的流动性,从而大大改变供求关系,导致股票大涨大跌。

1720年2月,当英国南海公司的股票价格出现大涨时,投资者因经不住诱惑而纷纷买进,其中包括半数以上的参议员和众议员。更疯狂的是,当时的国王乔治一世也跟风买进了10万英镑的股票。由于买进者在短期内剧增,使得股票严重供不应求,股价出现直线狂飙的涨势。截止到1720年7月,股价已从1月的128英镑/股上涨到1000英镑/股,整整半年间股价涨幅竟然高达681.25%。但是,该公司的实际经营状况却每况愈下,与公司股票的价格形成冰火两重天的局势。也就是说,公司股票的上涨是一种泡沫式上涨。这时,为了制止公司股票继续泡沫式的上涨,英国政府出台了《泡沫法案》。因为国家的宏观调控,外国投资者从7月份便开始大肆抛售南海股票,国内投资者也纷纷跟风抛售。于是,南海股价瞬间从高处一落千丈,9月份股价跌至175英镑/股,两个月跌幅高达82.5%。同年12月,"南海气泡"最终破灭。很多在高位追涨的南海投资者遭受了巨大的经济损失,有的甚至因此一贫如洗。

以上便是英国金融史上著名的"南海泡沫事件",是由"羊群效应"导致股市价格大幅回落,从而引发股市危机的最典型案例之一。著名物理学家牛顿也是这件"泡沫事件"中的"遇难者",他感慨道:"我能计算出天体的运行轨迹,却难以预料到人们如此疯狂。"

年轻人不可不知的身边经济学

在经济领域，"羊群效应"就是这样一种客观存在的普遍现象。再看看我们的日常生活，"羊群效应"也是无处不在，如在大街上有一个人突然抬起头来仰望天空，结果越来越多的人也跟着仰起头来仰望天空。再把范围缩小到我们年轻人身上，我们年轻人爱赶时髦，便是一个典型的"羊群效应"。想想我们自己或是年轻的亲朋好友以及周围其他的年轻人士，是否在一个个地竞相染发、文身、染指甲、穿奇装异服、打耳洞、文眉等，以及踊跃进军IT、学金融、考公务员、出国留学等？当然，答案是肯定的。那么，我们年轻人究竟为何爱赶时髦呢？无非是为了跟上潮流的脚步，使自己不落伍。

在这些时髦中，有些是可以适当追的，如学做IT、考公务员等，因为这是积极向上的，有利于提升自己的整体素质；而有些时髦则是不可以追的，如染发、文身等，这些对自己根本没有任何的好处，还容易滋生浮躁、虚荣的心态，是一种盲目和无知的表现。

夏天到了，一向较保守的大一女生梦琪竟穿起了短裙，还配了一双长筒黑丝袜，整个人显得妩媚极了。在中学教书的爸爸看见了，对女儿的装束很不满，强行要女儿脱了短裙，尤其是那双黑丝袜。梦琪不解，执意不脱，还说，同宿舍的姐妹都穿了，就她不穿，显得多老土。爸爸说，他也知道穿黑丝袜已成为一种时髦了，赶时髦没有错，但不能盲目，特别是像黑丝袜这类服饰，是不能乱穿的。最后，梦琪在爸爸的再三反对下，脱掉了黑丝袜。晚上，梦琪打开电脑时竟然发现收到了爸爸转载的一篇名为《中国女人，你们真懂黑丝袜吗》的网络文章。该文章称，黑丝袜最初来源于一个特殊的群体，那就是在嫖娼合法化国家（如美国、日本等）从事性服务的女人。这些国家甚至还形成了一种规则，即丝袜的网眼大小表示所提供的彻底性服务的等级，网眼越大，则提供的服务也就越高级。

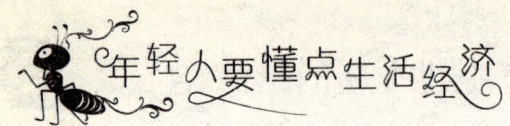

的确，黑丝袜如一阵狂风，在近几年中横扫我国女子的双腿。不管是年轻的少妇，还是在校女学生，甚至是中年大妈，都穿上黑丝袜。不管梦琪爸爸转载的文章内容是否有据可依，但它却在提醒中国女子不可盲目追赶时髦。

可以说，有生命、有欲望的地方便有"羊群效应"，不论是在自然界、经济领域，还是在我们日常生活中。

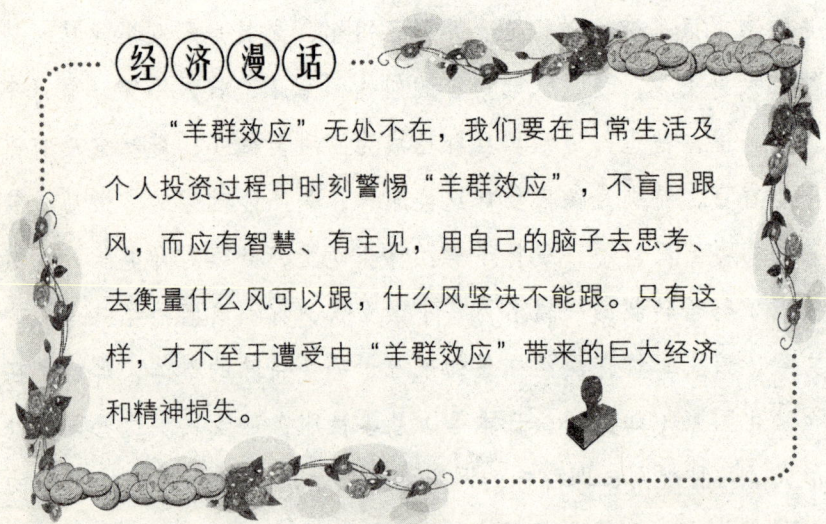

"羊群效应"无处不在，我们要在日常生活及个人投资过程中时刻警惕"羊群效应"，不盲目跟风，而应有智慧、有主见，用自己的脑子去思考、去衡量什么风可以跟，什么风坚决不能跟。只有这样，才不至于遭受由"羊群效应"带来的巨大经济和精神损失。

第2章 Chapter Two

年轻人要学会理财经济学

俗话说："你不理财，财不理你。"我们上班要学会赚钱，下班更要懂得理财。如果不进行理财，就算你拿了高薪，你也积攒不到多少财富，你也会随时陷入无钱的痛苦之中。所以，一个人要十分重视理财，要将理财进行到底。

理财不是有钱人的专利，没有钱更要懂得理财

在美国畅销书《穷爸爸，富爸爸》中，富爸爸曾说："财商与你挣多少钱没有关系，财商是测算你能留住多少钱以及让这些钱为你工作多久的指标。"财商与一个人的智商一样，财商越高，则越有钱。而能留住多少钱以及让这些钱为你工作多久讲的则是理财。可见，理财是每个人的事，没有钱更要懂得理财。

年轻人大多收入不高，甚至没有收入，因此认为没有必要理财。其实，这种观念是错误的，理财不是有钱人的专利，没有钱更要懂得理财。因为理财是对自己一生负责的表现，而不是仅仅解决现有的资金问题。那么，究竟什么才是理财呢？财又应该怎样理呢？

国家理财规划师专业委员会秘书长刘彦斌曾在湖南卫视《越策越开心》节目中这样形象地比喻理财："理财就是管钱……收入像一条河，财富就是你的水库，花钱如流水。理财就是管好水库，开源节流。"

在刘彦斌看来，理财分为三个环节，即攒钱、生钱和护钱。攒钱也就是要积极储蓄，增加银行存款；生钱指的是投资，如购买股票、基金、债券等；护钱主要是指为自己买保险。理财应坚持"一个中

年轻人要学会理财经济学

心，两个基本点"，即以管钱为中心，攒钱为起点，生钱为重点，护钱为保障。

而且，刘彦斌强调，理财一定要从年轻开始，不管有多少钱都应该管理。在理财过程中，个人资产的配置是十分重要的。我们应将钱财分成三类：第一类是应急的钱，即半年至一年内的生活费，一般存入银行，活期、定期皆可；第二类是保命的钱，即三五年的生活费，一般定期存入银行，此外还包括商业养老保险等；第三类是闲钱，也就是五到十年不需动用的钱，这类钱可用来购买股票、基金或做房产等，让钱生钱。

司马光曾说："善治财者，养其所自来，而收其所有余，故用之不竭，而上下交足也。"的确，理财可以保证我们有足够的金钱可花，也可以让我们的财富增值。理财不歧视没钱人，没钱人更应学会理财。看看这样一个故事。

从前，有一个富人和一个穷人，富人富得流油，而穷人穷得揭不开锅。富人觉得穷人生活得太可怜了，于是决定帮助穷人脱贫致富。一天，富人对穷人说："我将买一头牛送给你，你用它好好开荒地。等春天到来时，我将送你一些种子，你到时记得把种子撒在地里，这样，到了秋天你就可以大丰收了。"穷人牵着富人送来的牛，满怀希望地犁起地来。但是，几天后，穷人发现牛要吃很多草，而他自己也由于整天忙碌需要吃更多的饭，这样，他的开支比以前更多了，日子一天不如一天。穷人突然想："牛的价钱要比羊贵，不如先把牛卖了，这样可以多买几只羊。买来羊后，我先杀一只，解决燃眉之急，然后让剩下的羊生小羊，等小羊长大后再将它们卖掉。这样我不是可以挣很多钱吗？"想完后，穷人真的这么做了。可是，当他吃掉了一只羊后，剩下的羊迟迟没有生小羊。被逼无奈，穷人又杀了一只羊，吃完后，穷人觉得这样下去不是办法。后来，他又想到鸡生鸡蛋的速度较快，而鸡蛋生钱的速度也较快。于是，他把剩下的羊卖了，买了一些鸡。可是，他又错了，一天两天，鸡还是没有生蛋。为了生存，他只好杀了一只鸡。此后的几天，他觉得还是先解决目前的生计问题要紧，管他日后呢。于是，他每隔几天都要杀一只鸡。当他杀到最后一只时，他意识到自己的致富梦想就要破灭了，往后又得挨饿受冻了。他郁闷极了，就把最后一只鸡给卖了，然后买了一壶酒，一个人喝了起来。

正当他沉醉在酒中时，富人给他送种子来了，原来转眼间春天就要到了。富人发现牛没了，穷人的家里也依旧如初，看见酩酊大醉的穷人，富人只好摇摇头离开了。

穷人家徒四壁，本可以在富人的资助下致富的，但由于穷人不懂得理财，以致最后将致富的本钱花光，继续做他的穷人。我们应引以为鉴，千万不能像这位穷人一样，否则，我们将难以改善自己的经济条件。所以，我们从即刻起便应学会理财。而由于我们年轻人没有多少钱，这就决定了我们在理财过程中应十分注重储蓄。如不管每个月有多少工资，我们都应将其中的10%存入银行，而且此后坚持不动用。经过日积月累，银行卡的数额一定会给你带来意想不到的惊喜。我们再看看另一个小故事。

很久以前，在一个小村庄中住着一位不算富有却非常懂得理财的妇女。每天拿米煮饭时，这位妇女总是要从拿好的米中抓出一把，然后放到一个专门的米缸中。家人及邻里知道后，不明白她为什么要这样做，有不少人都说，要是想节俭点，干脆每次都少拿点好了。有些

年轻人要学会理财经济学

人甚至还嘲笑她,认为她的行为很迂腐。但是这位妇女没有因为他人的不解和嘲讽而中止自己的一贯操作。后来,这个小村庄发生了严重的灾害,村民的粮食作物产量甚微,不少村民甚至颗粒无收,只能靠着前些日子留下的少量粮食过苦日子。但这位妇女却不一样,因为坚持每天抓一把米,她的那个米缸都快满了。因此,在村民们因揭不开锅而怨声载道的时候,这位妇女却轻松地度过了饥荒。

可以见得,这位妇女非常睿智,很有经济头脑和生存危机感。我们应像这位妇女学习,不管自己有多少钱,都应坚持理财。

总之,理财不是有钱人的专利,有钱人需要理财,没钱人更要理财。时间就是金钱,时间就是生命。所以我们应抓紧时间,趁早理财。

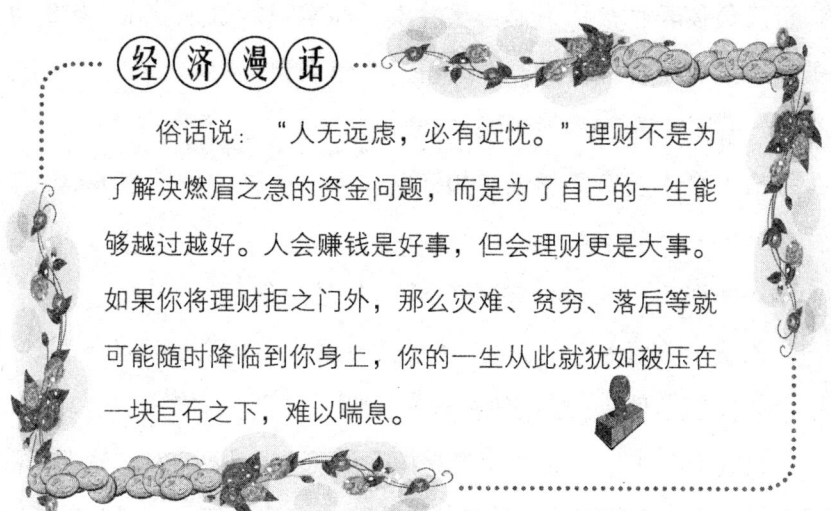

经济漫话

俗话说:"人无远虑,必有近忧。"理财不是为了解决燃眉之急的资金问题,而是为了自己的一生能够越过越好。人会赚钱是好事,但会理财更是大事。如果你将理财拒之门外,那么灾难、贫穷、落后等就可能随时降临到你身上,你的一生从此就犹如被压在一块巨石之下,难以喘息。

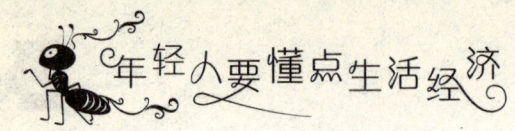

资产负债表：看看自己的财务状况

一看到或听到资产负债表，或许你会觉得它离自己很遥远，因为它似乎总和企业相挂钩。如果这样想的话，那你就错了。因为资产负债表除了传统意义上的企业资产负债表外，还有个人资产负债表。制作、填写个人资产负债表，将可以帮助你及时而准确地了解到个人的财务状况。

资产负债表也被称为财务状况表，通常指的是企业在一定时期的财务状况的主要会计报表。个人资产负债表自此引申而出，指的是个人在某一时期的资产状况的会计报表。

那么，个人资产负债表应如何制作呢？首先，我们应牢记以下公式：

个人净资产＝个人资产总值－个人负债总值　　　　　（1）

个人资产总值＝流动性资产＋使用性资产＋投资性资产　　（2）

个人负债总值＝短期负债＋长期负债　　　　　　　　（3）

在公式（2）中，流动性资产是指手头现金、活期存款、短期储蓄等能够及时流通使用的现金或易转换成现金的资产；使用性资产是指以使用为目的的各种物品，包括房地产和个人物品，其中房地产包括住房、

带公用区域的公寓及其他个人所有的土地等,个人物品包括汽车、家具和设备、电脑、衣物、珠宝等;投资性资产是指孩子的教育费、长期储蓄、股票、债券、基金等以保值、增值为目的的投资性货币或票据。

在公式(3)中,短期负债是在一年之中必须偿还的债务,主要包括信用卡欠款、应付税款、医疗费用等;长期负债是指偿还期在一年以上的债务,如房屋贷款、汽车贷款、助学贷款等。

当明确以上公式后,接下来就应该将相关内容规划并计算清楚,然后绘制并填写表格。如下表所示:

表2-1 个人资产负债表　　　　　　　　　　单位:元

资　产	
流动性资产	
手头现金	565
活期存款	1965
短期储蓄	6870
流动性资产总计	9400
房地产	
住房的当前市场价值	125500
个人物品	
汽车	86000
家具和设备	38000
电脑和音响	98650
衣物	12000
个人物品总计	234650
投资性资产	
长期储蓄	13500

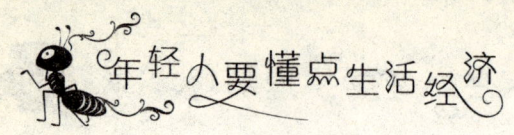

股票和分红	16800
投资基金	25000
投资性资产总计	55300
总资产	1504850
负 债	
短期负债	
信用卡欠款	285
应付税款	250
医疗费用	185
流动负债总额	720
长期负债	
房屋贷款	580000
汽车贷款	35000
助学贷款	8000
长期负债总额	623000
负债总额	623720
净资产	881130

　　以上个人资产负债表为一位28岁的齐先生填制的。齐先生虽然年轻，但却事业有成，并且非常善于理财。我们或许没有齐先生那么成功，那么有钱，但我们也应该坚持制作、填写个人资产负债表。

　　关于个人资产负债表，我们需要注意的是，净资产很多并不意味着我们有很多可以支配使用的现金，因为净资产只不过是我们在特定时间里财务状况的一种衡量标准。如果自己的净资产不断增加，则说明我们越来越富有。

　　如果我们从来没有理过财，就不知道财该从何理起，那么，我们

年轻人要学会理财经济学

首先要做的就是每隔一段时间，如一个季度或半年制订一张适合自己的资产负债表，然后坚持填写相关项目。不久以后，我们就可以清楚地知道我们的钱是怎么被花掉的，这样我们便会不知不觉地理好我们的财了。

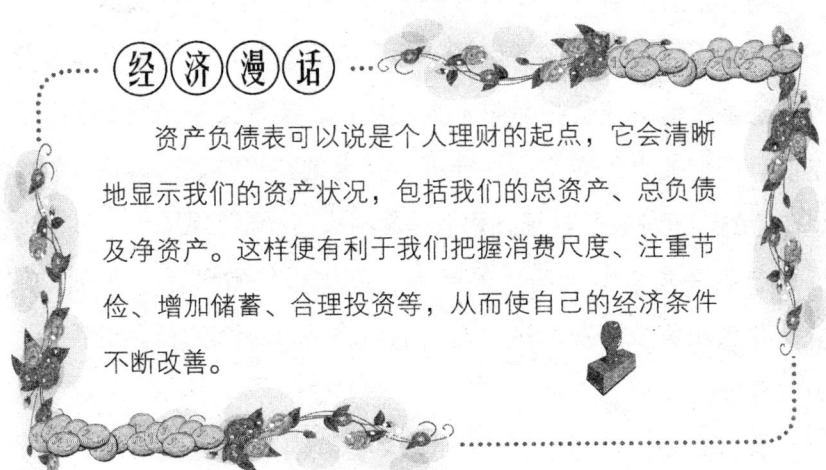

经济漫话

资产负债表可以说是个人理财的起点，它会清晰地显示我们的资产状况，包括我们的总资产、总负债及净资产。这样便有利于我们把握消费尺度、注重节俭、增加储蓄、合理投资等，从而使自己的经济条件不断改善。

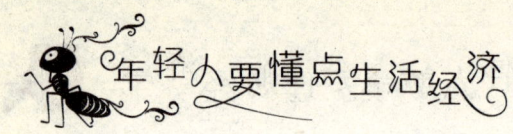

积极储蓄：为明天做好准备

股神巴菲特说："储蓄是所有理财计划的基础，也是一个人自立的基础。它来源于计划和节俭，是一个人自立能力、理财能力的基本体现。连储蓄都做不到的人，说明他缺乏自我控制的能力，不可能指望他在财富管理方面获得成功。"可见，积极储蓄对一个人的财富梦想有多重要。

当物价接连上涨，房价持续攀升时，很多人都抱怨商人太黑，社会不公，老百姓没法活了。可是，他们有没有想过，要是自己积累了相当的财富，他们还会抱怨吗？退一步说，要是接下来物价下调，房价走低，他们就真的能吃好、穿好，就真的能买得起一套房子吗？抱怨是徒劳的，责任在于自己，那就是平时没有积极储蓄。

资产负债表是个人理财的起点，而积极储蓄则是个人理财的基础。储蓄意味着少消费，多节俭，然后将节俭下来的钱存进银行，为明天作准备。

看看我们身边，很多人平时都享受着很好的工作待遇，但突然某一天，老板将他们给炒了，他们的财路由此中断。倘若他们之前没有一点储蓄，那么，他们在失业期间的日子将如何度过呢？向父母要

年轻人要学会理财经济学

钱,向朋友借钱?他们好意思吗?

彭彤就是这样一位毫无储蓄而又突然丢饭碗的人。她已经工作一年多了,月薪平均下来也有3000元,但每个月一拿到工资,她便忙着添置名牌衣服、最新电子产品或是和朋友一起出去吃喝玩乐等。有一天,她在几个小时里挥霍掉了半个月的工资。她先花了近600元买了一件江南布衣的大衣,然后请朋友们一起去KTV唱歌,花了200多元,唱完歌后又去大吃了一顿,花了近400元,再加上一些杂七杂八的,也花了不少钱,于是,在一天之中,她一下子花掉了将近一半的工资。如此下去,她每个月怎么会有余钱呢?如今,她失业了,钱包里剩下的钱少得可怜,瞬间解决一日三餐成为她的主要问题,但她是个很爱面子的女孩子,根本就不好意思向亲朋好友借钱。她很痛苦,但更后悔:为什么当初不存些钱呢?在床上躺了几天几夜后,彭彤决定重新找份工作。但这年头,丢工作容易,找工作很难。没有办法,她只好边找工作,边打点粗活的零工,以解决一日三餐吃饭的问题。

世界上没有后悔的药,早知有今日,当初怎么不作点准备呢?其实,储蓄也并不难做到,又不是将每个月的收入全数存入银行,而是将其一部分存入即可。要是没有什么钱,存一块钱也是可以的。因为财富具有非常大的聚敛效应。这样当突发事件阻挡了我们的财路时,我们便不愁没有钱花了。

积极储蓄不仅可以应对将来的突发事件,而且还可以帮助我们致富,使我们明天的生活过得更加舒坦。有一位富翁曾说:"富有的秘诀是:在赚的钱里,一定要存下一部分。财富的增长就像树的成长,最先是一个很小的种子在发芽。第一笔存下的钱就是财富成长的种子,一开始不管赚多赚少,总是存下10%的钱来。"这其实讲的就是理财中的"九一"法则,也就是说,将单位时间内(每天、每周或每

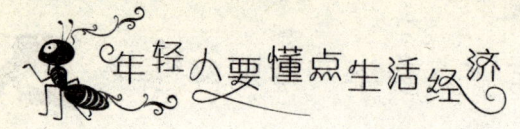

个月）收入中的10%的钱存起来。这里有一个故事，正好可以表述这一点。

有一个家财万贯的富翁，当人们问他有什么致富方法时，他没有直接说，而是打了个比方："假如你每天早上往一个篮子里放10个鸡蛋，而且在当日吃掉了9个，那最后会怎么样呢？"人们纷纷说："篮子肯定会装满鸡蛋的，因为这样做相当于我们每天都将1个鸡蛋存放在篮子里，以后都不动用。"富翁听后，微笑着点点头，说："这就是我致富方法中的精华，所以，当你们在自己的钱包里放进10元钱时，你最多只能用掉9元，而那1元是坚决不可以动用的。每天坚持如此，几年下来，你一定可以变得非常富有。"

10%只是一个参考而已，不同的人可以根据自己的经济状况和理财意愿拟订不同的比例。但不管比例是多少，我们都应严格要求自己，坚持储蓄。你知道从哈佛大学走出来的人为什么都会很富有吗？是因为他们毕业于世界名牌大学吗？其实，这不是最根本的原因。最根本的原因在于哈佛大学有着非常严谨的信条，即每月储蓄30%的钱是硬指标，剩下的才可用于消费。哈佛大学的学生都铭记这一教条，平时严格要求自己，把储蓄当成每个月最重要的任务来完成，这一点和巴菲特的理财原则十分相似。巴菲特将储蓄视为自己理财的第一原则，要求自己每月存储30%的工资，而且先储蓄，后消费。更难得的是，巴菲特从娃娃开始就有良好的储蓄习惯。他从6岁起，每月都要从父母给的零花钱中拿出30多元来存储。当巴菲特13岁时，他的储蓄已经达到了3000多元。他便用他攒下的第一笔钱买了一支股票，他的财富之旅从此正式开始，他最终成为新一代富翁。所以，储蓄在有理财头脑的人手里，其实是一种致富的有力武器，会给主人一个意想不到的赚钱机会。

年轻人要学会理财经济学

有一位美国小伙子到印刷厂里去学习技术,他的家境不错,本可以在印刷厂附近租房住,但他的爸爸却要求他住在家里,同时每个月还要向家里交纳一定的住宿费。小伙子很生气,觉得爸爸太不近人情了,要知道他才刚刚开始工作,每个月的工资差不多只够支付所谓的住宿费了。小伙子拗不过爸爸,只好省吃俭用,坚持每个月都向家里交纳住宿费。几年后,小伙子在印刷厂学到了精湛的技术,并决定自己开一家印刷厂。爸爸知道后,将厚厚的几捆钱堆在儿子面前说:"孩子,这是你这几年的所有储蓄,我和你妈帮你存起来了。你现在拿去好好发展你的事业去吧。"小伙子这才明白,爸爸当初并不是真的向他要什么住宿费,只不过是帮助他将钱存起来,爸爸真是用心良苦。后来,这位小伙子用这笔钱精心经营他的印刷厂,他的印刷厂在短短的几年间便成为美国一家著名的印刷厂。

储蓄就是这样,经过一段时间的积累后,在不经意间往往会给主人一个惊喜的回报。正所谓聚沙成塔、集腋成裘。但是储蓄说起来容易,做起来难。当很多人积极储蓄一段时间后,便没有耐心坚持下去了,有时甚至还想动用储蓄,特别是当收入有所减少后。如果是这样的话,还不如不储蓄。储蓄,贵在坚持,不到万不得已之时,千万不要动用储蓄。正如某富翁所说:"没钱时,不管怎么困难,也不要动用积蓄,要养成好的习惯,压力越大,越会让你找到赚钱的机会。"

"常在有时思无日,莫待无时思有时。"从今天起,我们要积极储蓄。或许对于今天的你来说,储蓄是痛苦的,花钱是快乐的。但当

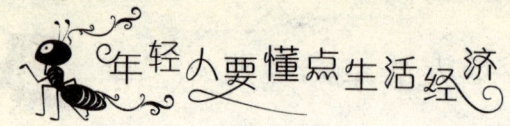

你长期坚持储蓄，用储蓄应对了各种风险、累积了大量财富后，你会发现储蓄是值得的，花钱是罪恶的。所以，年轻的我们应毫不犹豫地进行储蓄，为明天做好准备。

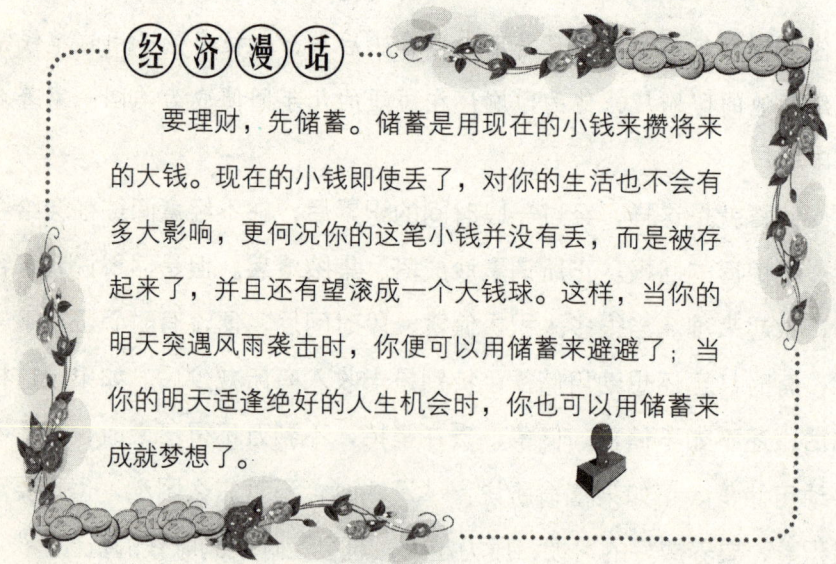

经济漫话

要理财，先储蓄。储蓄是用现在的小钱来攒将来的大钱。现在的小钱即使丢了，对你的生活也不会有多大影响，更何况你的这笔小钱并没有丢，而是被存起来了，并且还有望滚成一个大钱球。这样，当你的明天突遇风雨袭击时，你便可以用储蓄来避避了；当你的明天适逢绝好的人生机会时，你也可以用储蓄来成就梦想了。

年轻人要学会理财经济学

量入为出：不做"月光族"和"负翁"

我国南北朝文学家颜之推说："财有限，费用无穷，当量入为出。"一个人再怎么能赚钱，其数目还是可以数得清的，而一个人的花销却是一个无底洞，深不可测。这就要求我们平时精打细算、勤俭节约，而不大手大脚、挥霍无度，否则，很容易成为"月光族"甚至是"负翁"。

一天，富兰克林被一位朋友邀请参观其新居。当达到目的地时，映入富兰克林眼帘的建筑富丽堂皇，哪里像用来居住的房屋，简直就是用来欣赏的宫殿。当富兰克林走近一间如会议室大的房间时，朋友介绍说是起居室。富兰克林很不解，便问道："你为什么要把起居室弄得这么大呢？"朋友得意地说："因为我有钱啊！"接着，富兰克林又来到了饭厅，没想到饭厅也非常大，至少可以容下50人。富兰克林又问："为什么饭厅也要弄得这么大呢？""因为我有钱啊！"朋友仍得意地答道。后来，富兰克林又参观了其他房间，也都非常大，富兰克林又一一问"为什么弄得这么大"，但得到的答案都是"因为我有钱啊"。参观完毕后，富兰克林愤怒极了："这哪里是叫我来参观的啊，这分明就是在我面前显阔，怎么会有这么奢侈而又这么无耻

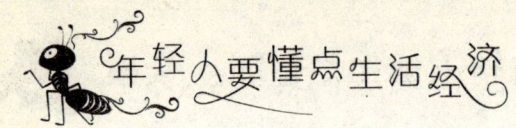

的人呢？"忍无可忍，富兰克林临走时对朋友说道："你为什么要戴这样一顶小帽子呢？你应该戴一顶比你的头大十倍的帽子才合适，因为你有钱嘛！"没过几年，这位朋友因挥霍无度而变得贫困起来，四处向人借钱。

英国作家狄更斯的小说《大卫·科波菲尔》中有这样一句话："一个人，如果每年收入20英镑，却花掉20英镑6便士，那将是一件最令人痛苦的事情。反之，如果他每年收入20英镑，却只花掉19英镑6便士，那是一件最令人高兴的事情。"显然，富兰克林的朋友属于前一种情形，他本可以过上比较富足的生活，但他却大肆挥霍，不量入为出，结果财富被渐渐掏空了。

量入为出指的是要根据收入的多少来决定开支的限度。这个词讲的也就是要我们精打细算、勤俭节约，它是我国古代先哲对理财精髓的总结。

我们年轻人初涉社会，收入大多不高，但消费欲望极强，似乎每个月都在盼着发薪水。而当拿到薪水后，我们便会急着去买一款自己先前看好的新衣服、新产品等或是好好去外面潇洒一下，大吃一顿，狂玩一次。结果，太多太多的花费使得我们每月的薪水如流水般哗哗就没了，而在月末时只好一边靠方便面、面包维持日子，一边则期盼着下个月的工资快点发。这就是我们"月光族"年轻人的真实写照。

"月光族"似乎是我们年轻人的代名词，我们很多人都是"月光先生"或是"月光小姐"，不管我们收入微薄还是收入丰厚。收入微薄的每个月都等着工资去应付平日必需的开支，如房租费、水电费、公交费、一日三餐费，还有少量的交际费等，而微薄的工资不经三五下折腾就见底了；收入丰厚的虽然赚得多，但花得也多，有时甚至还负债累累。

年轻人要学会理财经济学

  钟醒毕业于中国人民大学，金融专业，博士学位，在北京一家很知名的证券公司任理财规划师，年薪近40万。他住在一所高级公寓中，每天都穿着名牌西装、开着宝马X5汽车去上班，下班后则去各种高档消费场所，吃牛排、喝咖啡、打高尔夫等。钟醒的亲朋好友都十分羡慕他，觉得钟醒太成功了、太风光了。可是，有多少人知道，表面风光的钟醒内心其实很苦恼：尽管他每个月的工资平均有3万多，但每个月下来都没有什么钱剩下，是位十足的"月光先生"。后来，这位"月光先生"又交上了女朋友，花费"更上一层楼"，到年底欠款近10万，又成为一位十足的"负翁"。

  很难想象，像钟醒收入这么高的人，也会沦为"月光族"、"负翁"。这都是因为他太会享受人生，太好面子了。我们身边有很多个钟醒，别看他们平时很成功，但都付出了很大的代价。现在有很多人很穷，其实也不是因为他们挣得少，而是像钟醒一样，爱摆阔、虚荣心强，导致花得太多，甚至比挣的还多。

  一位先哲曾经说过："如果不想真正贫困，永远待在穷人的行列里，就要立即行动，学会控制自己的欲望，节约用钱，拒绝挥霍浪费，千万不要在今天就把明天的钱花掉了。"是的，衣服旧了只要没有破还可以再穿穿，食物只要有营养，能吃饱就行了，房子也不必考究，能住就行了。穿得华丽、高贵，吃得铺张、奢侈，住得豪华、堂皇，如果你的财产足够支付这些，你可以这样享受，因为你有资本，有资格。可是想想，我们年轻人中有多少人能真正靠自己支付得起这些消费？没有几个啦！如果没有足够的钱而讲究这，讲究那，终会坐吃山空的。人不是为了享受而活，更不是为了面子而活，我们年轻人千万不要为了赢得别人赞许、钦佩的眼光而跟自己的钱财过不去，值得吗？

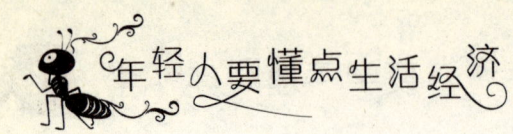

知道比尔·盖茨、巴菲特、李嘉诚为什么能分别成为世界首富、世界第二富、中国首富吗？仅仅是因为他们收入颇丰吗？不是的，更重要的在于他们都很节俭。拿巴菲特来说，巴菲特在成名前就以节俭著称，他居然把抽屉改装成自己一岁大儿子的婴儿床。成名后，巴菲特的生活仍然比较节俭，吃、穿、用、住都不是很讲究。他的第二次婚礼整场只有15分钟，而且还是女儿主持，一点也不奢侈。富人犹此，我们年轻人又有什么资格奢侈呢？

知道世界拳王泰森为什么会从"世界上最棒的印钞机"沦为负债累累的穷光蛋吗？都是因为泰森平日奢靡、挥霍惯了，是个一流的"散财童子"。

一切鲜活的例子都展现在我们面前，因此，从现在起，我们应清点一下自己的收入、存款，注意小额费用，量入为出，和"月光先生"、"月光小姐"说拜拜。

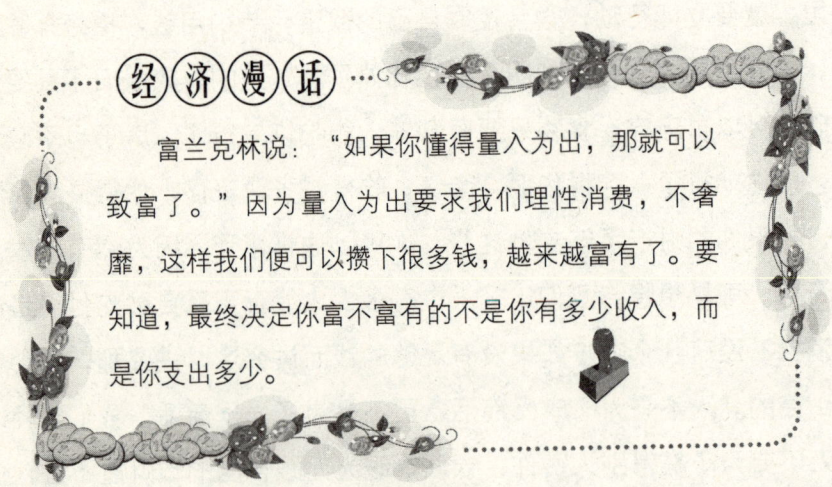

经济漫话

富兰克林说："如果你懂得量入为出，那就可以致富了。"因为量入为出要求我们理性消费，不奢靡，这样我们便可以攒下很多钱，越来越富有了。要知道，最终决定你富不富有的不是你有多少收入，而是你支出多少。

按需消费：不做"购物狂"

"摇滚女王"麦当娜有一首很经典的歌《Material Girl》，歌词中有这样一句话："We are living in a material world and I'm a material girl。"的确，我们生活在一个物欲横流的年代，人人都变得越来越热衷消费，特别是女人。于是，这个世界的新新人类——"购物狂"便不断产生。

"购物狂"是物欲时代的产物。随着经济的发展，人们越来越注重消费了。看见好看的、好吃的、好玩的，不管三七二十一，就是要买下，也从不考虑它们对我们有没有用处，适不适合自己。年轻人更是喜欢以消费为乐趣。有钱时大胆消费，没钱时借债消费；高兴时用消费表达，伤心时靠消费消愁；空闲时消费，忙碌时也要偷点闲工夫消费。总之，不消费就不舒服，谁叫我们生活在一个消费的年代呢？我们年轻人就是这样，而且年轻女士更是如此，以致最后不知不觉沦为"购物狂"。

英国作家金塞尔在其《购物狂》中这样描述"购物狂"："她挥舞着信用卡，冲锋陷阵，血拼商场；看到名牌时，失去理智，两眼放光；在商店中为了购物而孩子般大声叫嚷……""购物狂"就是这么

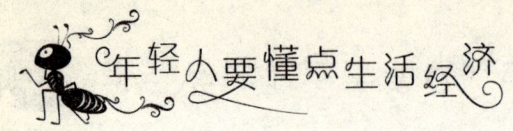

的疯狂。

2009年美国电影《一个购物狂的自白》中,主人公丽贝卡在童年时总是羡慕别的女孩可以购买并穿上非常漂亮的名牌衣服,因而长大后的丽贝卡看到橱窗中漂亮的名牌衣服就会有一种心跳的感觉,从而不由自主地去购买它们。慢慢地,丽贝卡变成了购物狂,她对物品的占有欲渗进了她的每一个毛孔,而且她还很会为自己的疯狂购物找借口。一次,丽贝卡花了26000美元买了一件内衣,为自己申辩道:"买内衣是女人的基本人权。"又一次,丽贝卡花了12000美元买了一个自己根本就不需要用的潜水用具,说:"只要喜欢,不买可惜。"丽贝卡就是这样,不仅花重金购买需要的物品,还疯狂购买自己不需要的物品。因此,丽贝卡的信用卡刷爆了一张又一张,财务出现严重危机。

丽贝卡的购物原则就是"只要自己喜欢"。为了得到自己喜欢的物品,丽贝卡会想尽办法,荒唐也好,疯狂也罢。如发现钱没带够、卡不够刷时便会编织谎言向人求助;自己喜欢的物品被别的女士看好时,会不顾颜面地和人打起来。总之,只要丽贝卡看好了某样物品,她就会不顾一切地得到它。

丽贝卡是典型的购物狂,她对物品尤其是对衣物的情结胜过对情人。当她每次走进商场时就像饿狼走进森林一般,双眼无不流露出饥渴和神往。在张柏芝和陈小春主演的《购物狂》中,女主人公方芳芳也和丽贝卡一样,是个"超级购物狂",她的家里已经摆满了各种帽子、衣服、包包、鞋子等物品,几乎容不下脚,但她却仍然坚持购

年轻人要学会理财经济学

物。就算她欠下一屁股债，她也不会停止对物欲的追求——看到1980年生产的LV包时，方芳芳不能自已，于是一下子狂扫了几个名牌包和无数件衣服……

其实，年轻女性天生就喜欢逛街，喜欢购物，喜欢流连于五光十色的商场中，她们的骨子里都有"购物狂"的潜质，她们天生就是"购物狂"，只不过有些是显性的，而更多则是隐性的。试想，站在顶级品牌、顶级漂亮的商品面前，有哪个女孩能不动心呢？再说，商家也深谙女性的天性，看看各大商场，大多商品都是为女性提供的，而且这些商品的更新换代速度非常快，一年一个样。外面的诱惑如此多而强，初出茅庐的年轻女性怎能不神魂颠倒，不冲动购物呢？于是，每隔一段时间，不管需不需要，年轻女性都狂购一把，就像吸烟上瘾的人一样，要时不时去"吸"一口才舒服。一个"购物狂"网友曾这样写道：

"我是一个对于shopping完全没有抵抗力的人。平时好像都挺忙的我，是没有时间画画、练字或看书的，但是只要去shopping，我的时间就会变成海绵里的水，总是可以挤出来的。在北京，大部分的高档写字楼旁边都伴有大型的shopping mall，就如孪生姐妹般。在写字楼工作时，我就常利用午饭时间扫货，当月底收到账单时，真是心里泣血啊！这才感觉这是个阴谋，也就等于在姐姐那赚了钱，转个身就全交给妹妹了。这时，我终于明白香港人为什么把shopping翻译成"血拼"了，真是太形象了。值得安慰的是，有同事总结，我多年维持不变的身材，要拜购物所赐，自己想想也觉得有道理，午饭后在商场逛一小时，也算是我最持之以恒的健身方式。我平时shopping并没有明确的目的性，不管需不需要，随便一试，就麻烦了，谁让咱身材标准，穿啥都好看呢！加上导购小姐的奉承，不买简直感觉自己在犯罪。要是碰

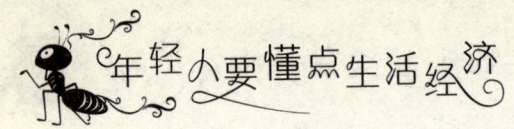

上喜欢的，只要价格可以接受，当然立即出手。碰上超喜欢的，但价格超过心理预期时，当时不会买，但接下来的一周会像害相思病般的痛苦，当这相思的痛苦大于对商品价值的估算时，还是会毅然买回……"

不仅年轻的女性容易成为"购物狂"，不少年轻的男性也往往抵挡不住物欲的诱惑而成为"购物狂"。如电影《狮子王》主题曲《Can You Feel The Love Tonight》的演唱者Elton Jhon就是一个"购物狂"。在他看来，没有任何事情比得上购物过后的舒畅！于是，他花重金购买了相当多的名牌艺术品、珠宝、轿车等。

"工作是为了赚钱，赚钱是为了购物，购物是为了享受。"这是物欲时代的宣言，更是"购物狂"的代言词。但是，"购物狂"们是否知道，在他们尽情徜徉在购物的享受中时，无情的代价之手正在伸向他们。

小婕结婚还不到两年，老公就提出要和她离婚，原因是老公发现她的信用卡刷爆了10万元，觉得她是个十足的"购物狂"。小婕在一家公司做财会工作，工作和休息时间不稳定，老公又经常出差，再加上自小父母就已离异，所以小婕闲暇之余总会备感寂寞，没有办法，她只好通过购物来调剂自己。除了公司提供的休息时间，小婕还主动挤出时间来满足自己的购物欲。她基本上每两天就要去商场大购一番，有时在上班路上也要买一两件小饰品。不仅在闲暇之余，在工作的时候，小婕有时也要忍不住去"血拼"一次。一天，她在紧张的工作中突然觉得浑身上下都不舒服，难以静下心来工作，便冲到楼下几家精品店，一口气买下了一支眉笔、一个发卡、一幅太阳镜、一个

年轻人要学会理财经济学

小包、还有一双远远大于自己尺码的所谓的限量版鞋子。在购物的时候，小婕的笑容是最灿烂的，好像只有购物才能使她真正享受到生活的美好。但是，小婕在享受"美好人生"的时候，却不知这是要付出代价的——不仅债台高筑，还引发了婚姻危机。

是啊，谁想和一个债台高筑、花钱无止境的人生活一辈子呢？因此，"购物狂"们应清醒地认识到，购物本身没有错，但如果变成了"购物狂"，那就有错了，这样不仅耗费巨资，而且影响自己的亲情、友情和爱情，这样的人生是毫无意义的。

那么，"购物狂"们应该怎么做呢？他们应该做的是要节制自己，特别是在购物的时候一定要先问下自己需不需要它，它对自己会有什么用等。如果不需要，没有用，就坚持不要买。

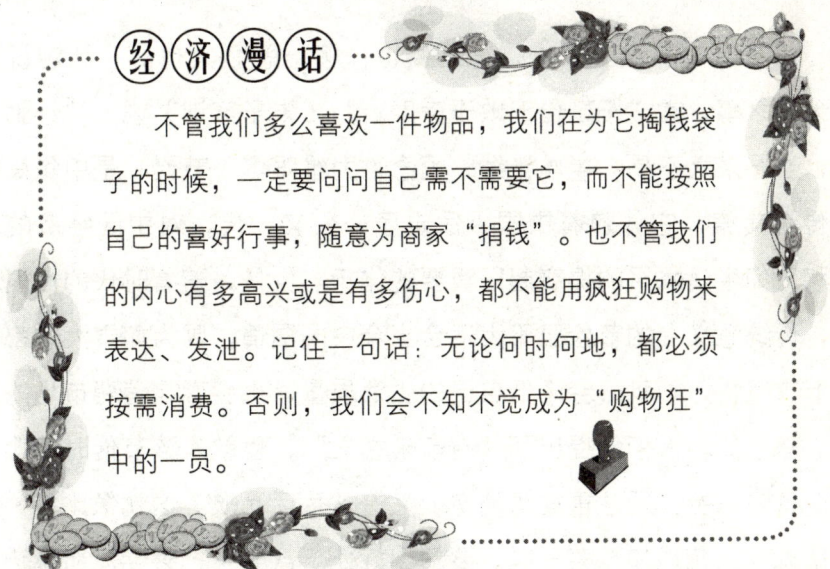

经济漫话

不管我们多么喜欢一件物品，我们在为它掏钱袋子的时候，一定要问问自己需不需要它，而不能按照自己的喜好行事，随意为商家"捐钱"。也不管我们的内心有多高兴或是有多伤心，都不能用疯狂购物来表达、发泄。记住一句话：无论何时何地，都必须按需消费。否则，我们会不知不觉成为"购物狂"中的一员。

新节俭主义：理性消费和品质生活的双赢

中国有一句俗谚："新三年，旧三年，缝缝补补又三年。"这是中国传统美德——节俭的经典写照。但是，传统意义上的节俭多是物质匮乏下的节俭，不太适合当今国情。于是，在物质相当丰盛的今天，有人提出了"新节俭主义"，也就是说，在注重理性消费的同时也追求有品质的生活。

《左传》中说："俭，德之共也；侈，恶之大也。"陆游说："天下之事，常成于勤俭而败于奢靡。"《朱子家训》说："一粥一饭，当思来之不易；半丝半缕，恒念物力维艰。"节俭，是中华民族的传统美德，它伴随着中国人民走了一代又一代，对中国经济的发展和人们生活水平的提高起了重要的作用。但是，随着时代的慢慢发展，传统意义上的节俭已不大适合当今中国国情，因为如果大家都一味节衣缩食，则势必会降低自己的生活质量，也会影响消费市场的发展。基于此，人们便提出了"新节俭主义"，也就是该节俭时节俭，该消费时消费，既注重理性消费，又追求生活品质。这就像比尔·盖茨所说："花钱如炒菜一样，要恰到好处。盐少了，菜会淡而无味；盐多了，则会咸而难咽。"是啊，放盐只有适中，才能炒出一盘美味的菜。

"新节俭主义"的含义并不是说因为经济条件较差而节衣缩食，而是在自己有着稳定收入的情况下摒除一些铺张浪费的消费习惯。其宣传语为："从来都不拒绝消费，但拒绝浪费；从来都不勒紧裤腰带省钱，而是用头脑选择更好的消费方式。"所以，"新节俭主义"主张的是一种节约而有质量的生活。很多收入颇丰的年轻人都是"新节俭主义"的追随者，他们拒绝名牌和奢华，穿着简便而清爽，为人处世也非常低调。他们并不是吝啬，而是尽量减少一些没有必要的开支，只为"物有所值"的消费埋单。

在"新节俭主义"的流行下，网上"账客"一族渐渐产生了。"账客"指的是在相关网上注册、设置个人网络账本，并且每天坚持统计收入和支出的一种群体。目前，我国比较有名的在线记账网有财客在线、钱包网、中国账客网、宝贝记账网等，这些记账网上的在线记账用户约为100万，大多数为25～35岁的都市白领，且男性较女性多些。"账客"们的账本是一种专业理财软件，内容涉及服装、饮食、家电、通信、旅游、房租等方面，有些甚至还分列了公厕费等项目。同时，账本软件还有柱形图、饼状图等统计功能，有利于相互比较，使收支情况一目了然。此外，"账客"们还可以在网上相互交流如何理财、如何省钱，从而使"账客"在省钱和保持生活质量之间寻找到一个最佳平衡点，把一些不合理的消费去掉。

年近30岁的马先生在某物流公司任经理一职，月薪8000元，但每个月下来他根本剩不了多少钱。后来他听同事说可以在网上记账，方便快捷，于是，他便在中国账客网上注册了一个账号。从此，马先生每天坚持在网上详细记录收支。三个月下来，马先生通过浏览网上账本，对自己的收支情况一目了然，明白了自己花费的去向，从而总结

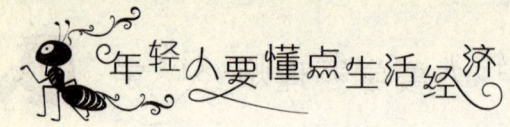

出哪些钱该花,哪些钱根本就不值得花。同时,马先生还在网上结识了很多"账友",和他们共同探讨理财的困惑、心得等。就这样,马先生在三个月中攒下了近一万元钱,大大出乎自己的意料。

如今,在线记账网上用户越来越多,某在线记账网成立初期每天注册的会员还不到5人,但现在该网每天注册的会员最高可达2000人。后来,随着网上记账软件的发展,手机记账软件也开始出现了。

除了"账客"外,"新节俭主义"还带来了另一种新新群体——"拼客"。"拼客"指的是集中在一起共同完成某件事情或活动、实行AA制消费的一群人。"拼客"实行"拼"的主要方式有拼房(合租)、拼饭、拼玩、拼用、拼车(顺风车)、拼卡、拼购(团购)、拼游等。"拼客"一族的口号是"爱拼才会赢",他们通过"拼"的方式,不仅可以分摊成本、节省开支,而且可以资源共享,赢得分享的快乐,认识更多的朋友。

24岁的芊芊就属于典型的"拼客"一族。她21岁大学毕业后只身来到北京,鉴于一个人租房太贵,也太寂寞,所以和一位毕业于同一所大学的女孩拼房。这样,芊芊不仅可以节省一半的房租费,而且还有人做伴。更令芊芊高兴的是,她和这位女孩特别投缘,很快就成了好朋友。她们每天都一起去吃早点,在最后结账时一般都是平摊,这样她们每人就可以花很少的钱吃上丰盛的早餐了。吃完早点后,俩人各自坐公交车去公司上班。由于俩人的公司相距较远,所以她们中午各吃各的。晚上回去后,俩人又开始"拼饭"——要么一起做饭,要么一起出去吃。后来,她们都决定买台电脑,因为芊芊想晚上写

年轻人要学会理财经济学

写博客、个人日志什么的,而她的朋友则想玩玩游戏、看看电影。芊芊想:"一个人买电脑有些破费,既然俩人都需要,为什么不一起买呢?这样不仅可以节省我们个人的开支,而且还可以最大效率地利用资源。"朋友同意了芊芊的想法,于是,俩人每人出了2000元,买了一台质量不错的液晶电脑。买完电脑后,她们又开始商量怎样分配电脑使用时间,毕竟俩人都是上班一族。经过商量,由朋友下班后先玩两三个小时的电脑,然后再由芊芊接手。此外,她们还一起拼卡,即共同使用购物卡、游泳卡等;还有拼购,一起订购网上的物品;俩人甚至还决定以后还要拼婚,也就是一起拍婚纱照等。

"拼客"已渐渐成为一种时尚、一种潮流。我们中肯定有不少人也属于"拼客"。"拼客"的生活方式值得我们推崇,因为"拼客"们倡导的其实是一种"节约、时尚、快乐、共赢"的生活方式,追求的是一种精明与节俭的生活理念。

但是,进行"拼客"的时候,我们不能随便找个人去拼,而应找个和自己的性格爱好、生活习惯以及经济能力等差不多的人,否则不仅实现不了"拼客"消费,反而会吃大亏的,要是这个人品质恶劣,还可能会有潜在危险。因此,找"拼客"需慎重,最好在自己的生活圈子中去找。如果在自己的生活圈子中找不着合适的人选,你也不要着急。因为随着"拼客"的发展,拼客俱乐部和拼客网渐渐出现了。你只要在拼客俱乐部或拼客网的信息平台发布自己的"拼客"条件,便会很快得到响应,接下来,你可以在响应的人群中进行筛选,然后考察一段时间,如果你觉得某个人最可靠,就可以实行"拼客"了。

除了"账客"、"拼客"外,还有"折客"也是在"新节俭主义"的带动下而崛起的网民群体。顾名思义,"折客"指的是专门购买一些享受打折优惠商品的购物群体。"折客"中大多是些既要追求

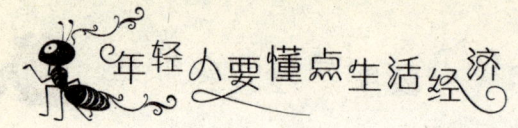

生活品质,又要追求理性消费的年轻人,他们以"省钱就是赚钱"为理念,通过各种方便、快捷的方式搜索自己需要购买的物品,然后反复比较,选择其中价格合理且质量过硬的商品。

可以说,"新节俭主义"的粉丝们是一群有智慧、对自己负责、懂得生活的消费者,他们让自己有限的金钱得到了最大的利用,既做到了理性消费,又享受到了品质生活。"新节俭主义",应该受到更广泛的支持。

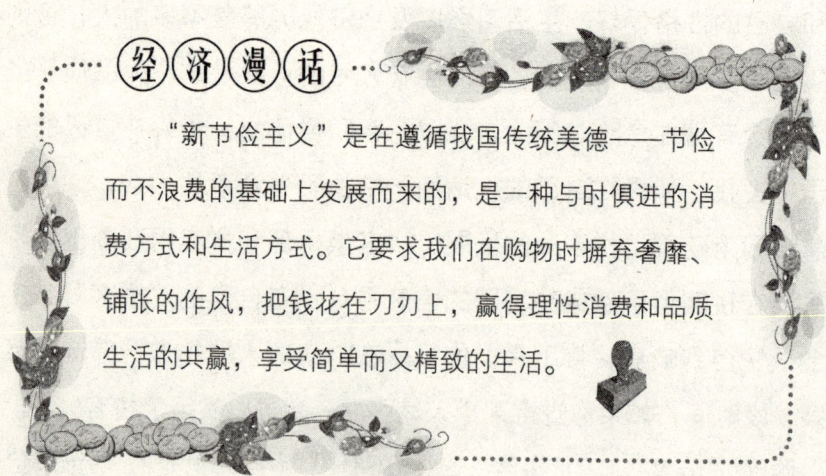

经济漫话

"新节俭主义"是在遵循我国传统美德——节俭而不浪费的基础上发展而来的,是一种与时俱进的消费方式和生活方式。它要求我们在购物时摒弃奢靡、铺张的作风,把钱花在刀刃上,赢得理性消费和品质生活的共赢,享受简单而又精致的生活。

信用卡：财务的鸦片

近年来，信用卡如雨后春笋般涌现，纷纷渗透到人们的消费方式之中。于是，一卡在手，人们便可以闯遍天下了。但人们在享受信用卡带来便利的同时，却很少意识到信用卡在无形中不断刺激他们的消费，蚕食他们的钱财，堪称"财务的鸦片"。

20世纪中期，美国的银行率先发行了信用卡，此后信用卡以迅雷不及掩耳之势蔓延到世界各国，大受世界各国人们的欢迎，信用卡的时代由此到来。

银行卡的迅速普及，主要得益于众银行的大肆宣传。诚然，信用卡使用起来方便、快捷，还多功能。正是因为如此，我们年轻人外出时往往要带上一两张信用卡，而不再多带现金了。现金太多了一是麻烦，二是被偷了就如肉包子打狗有去无回，而一张信用卡不仅携带方便，而且含金量十足，若是被偷了也不会有什么损失。也正因为如此，越来越多的人不仅喜欢带上信用卡，而且喜欢使用信用卡，毕竟用信用卡消费时不用支付现金，用着方便。更重要的是，信用卡还可以透支，一个人就算没有钱但只要拥有信用卡仍可

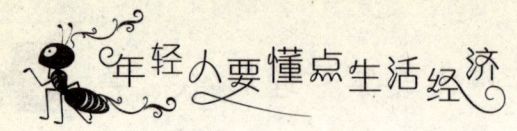

以吃好、穿好、玩好。

但是，我们年轻人是否想过，信用卡发行机构——银行，怎么会对我们那么好？要知道世界上的商家都是以赢利为目的的，尤其是对像信用卡发行机构这样的金融机构而言。想一想，当你有了信用卡后是不是常常忍不住地要去商场狂购一番，直到你的手腕、胳膊、脖子再也承受不起大包小包的重量为止？这便是发行机构发行信用卡的主要目的之一，即刺激人们的消费心理，从而使其他商家大赚而把钱纷纷存入银行，这就大大增加了银行存款。

所以，信用卡其实是银行向人们发行的"财务鸦片"，它会麻痹人们的财务神经，使人们觉得消费不用花钱而大把大把地消费——怪不得是免费的呢！而当人们沉浸在消费的无限快乐中时，却不知自己已陷入透支的深渊中，而这透支的不光是金钱，还有心情。也就是说，信用卡使人们先开开心心地满足自己的物欲，然后又使人们悲悲伤伤地筹划着如何节衣缩食，如何把信用卡上的"洞"给填上等。

小迪是广州某大学的大二学生，家境并不富裕，每个月只有1000元的生活费。一个夏日的中午，当她吃完饭回到宿舍时，一家银行业务员正在给室友推销信用卡。小迪听说一个月可以透支3000元，不由得有点心动了。在业务员的极力推荐下，小迪便办了一张信用卡。国庆期间，小迪家里出了点事，父母没有及时给小迪打生活费，但小迪一点也不担心，因为她有信用卡。所以，尽管没有一点现金，小迪仍和宿舍姐妹一起去逛街。经不住打折诱惑的小迪"刷、刷、刷"买了一堆衣服、化妆品和零食，信用卡一下子透支了1000多元。小迪回去后便发誓，往后两个月一定要节衣缩食，把欠款给还了。10月中旬，小迪的父母终于给她打来了生活费，但两天后偏偏有一位同校的好朋友要过生日，小迪花了近200元。后来，小迪的班里出去聚餐，还有一

年轻人要学会理财经济学

位同学生病住院了，因此小迪又破费不少。10月份过去了，小迪不仅没剩下半点生活费，而且又透支了200元钱。小迪这下可愁死了，就算她下个月一分钱都不花也还不了信用卡的欠费。无奈之下，小迪只好硬着头皮向好几位同学、朋友求救，但这年头，大家几乎都是"月光族"，哪有什么钱可以支配。没办法，小迪只好向刚研究生毕业的辅导员哭诉，说自己钱包被偷了，里面都是现金，足有1400元之多，现在自己一分钱都没有啦，家里又出事了，父母的经济状况很不好，向同学借也借不来。年轻的辅导员对小迪的"遭遇"深表同情，立即从钱包里拿了500元现金给小迪，说不用还了。小迪的心里宽慰了许多，但是还有近1000元上哪儿找去啊，到期不还是要收利息的。小迪日后上课都在想这个问题，整天无精打采的，就像生了一场大病似的……

当信用卡成为人们的"财务鸦片"后，便"升级"为高利贷。因为信用卡透支后如果没在规定的日期内（一般为20~50天）将所透支的款额还上，那么信用卡持卡人便要向银行缴纳一定的利息，这种利息一般为每日万分之五，一年下来便是18.25%，而银行的商业贷款利率也不过5%左右。可见，信用卡的利息给银行带来了巨大的利润。此外，银行往往还要向过期未还款者收取一定的滞纳金、复利等霸王款额，大大加重了人们的还款压力。这些其实是一种典型的高利贷，更是银行发放信用卡的最主要目的，银行往往能从中获取非常丰厚的利润。从使用信用卡的消费者角度来看，如果信用卡的欠款拖得太久，则要支付相当高的金额，甚至是巨额。

台湾歌手黄品源，曾在十几年前因歌曲《你怎么舍得我难过》而一炮走红。但在此后的两年里，黄品源没有出过任何新作品，经济来源受阻。黄品源无奈之下只好靠信用卡来维持生活，两年中透支20多万元。由于没有及时偿还，这笔债权日益高涨。直到多年后，黄品源

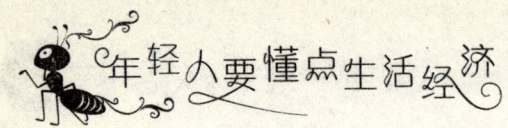

推出新歌《小薇》，再度走红。黄品源从这首歌中获得了非常高的收入，因而得以偿还信用卡累积欠款百万余元。后来，黄品源告诉人们尤其是年轻人，千万不要养成靠刷卡维持生活的坏习惯。

在现实生活中，还有不少人平时比较疏忽，没注意自己什么时候刷爆了信用卡以及刷爆了多少钱，再加上银行也没有及时通知，因而他们往往会不知不觉，甚至莫名其妙地背上高高的债额。如南京某市民使用信用卡透支人民币7884元，但在两年后，欠款数字竟然已经"升级"为35478元，为此，该市民还被告上了法庭。

信用卡作为一种超前消费方式已成为一股潮流，我们年轻人越来越依赖信用卡了，这样容易助长年轻人奢侈、铺张的生活习惯。而更关键的是，信用卡是一种"财务鸦片"，其导致的债款将是我们无法预料到的。因此，我们应慎用信用卡，拒做"卡奴"。

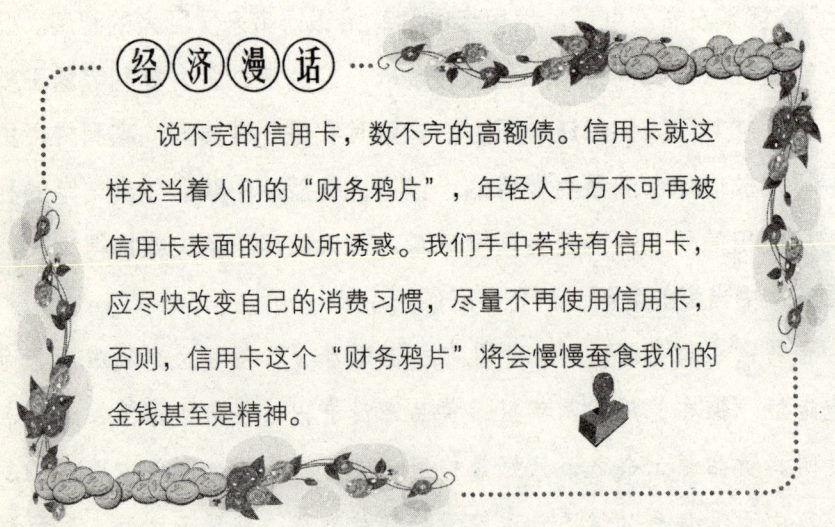

经济漫话

说不完的信用卡，数不完的高额债。信用卡就这样充当着人们的"财务鸦片"，年轻人千万不可再被信用卡表面的好处所诱惑。我们手中若持有信用卡，应尽快改变自己的消费习惯，尽量不再使用信用卡，否则，信用卡这个"财务鸦片"将会慢慢蚕食我们的金钱甚至是精神。

第3章 Chapter Three

年轻人应懂点投资经济学

投资是积累财富的一条重要的道路。俗话说:"投资不一定能成为富翁,但富翁一定来自于投资。只要学会投资,不做老板也发财。"投资也就是要让钱为你工作,而不是你为钱工作,这样做,钱才来得快,而人也不会太累。

年轻人要懂点生活经济

会投资的人不一定都是"数学家"

  我们中很多人都想投资,但不少人认为投资很复杂,那是"数学家"们能玩得起的游戏,因此,他们总在投资面前望而却步。其实,投资并不需要很多的数学知识,会投资的人也并不一定都是"数学家"。

  数学是一门十分重要的基础学科,它和我们的日常生活、工作息息相关。如买菜的时候,我们要默算一下多少钱;从超市购物回来,我们常常要快速核算一下价钱对不对;每工作一个月后要算算自己该月能拿到多少工资等。而对于投资,数学也无疑非常重要。从最基本的加减乘除到概率、函数、微积分、线性代数等,数学贯穿于众多投资方式的始终。詹姆斯·西蒙斯之所以会成为世界上著名的量化投资大师,就因为他曾经是名望极高的数学教授。因此,我们不可否认,数学学得好的人投资很容易成功。

  可是,投资真的需要很多的数学知识吗?其实不然。股神巴菲特曾对外宣称:"我从没发现自己要用到代数。当然你要算出企业的价值,然后把它除以它发行在外的普通股总数,这里要用到除法。"

  "我从来没发现高等数学在投资中有什么作用,只要懂小学算术就足

年轻人应懂点投资经济学

够了。""如果高等数学是必需的,我就得回去送报纸了,我从来没发现在投资中高等数学有什么作用。""你不需要成为一个火箭专家。投资并非一个智商为160的人就能击败智商为130的人的游戏。"

巴菲特并不是在歧视高等数学,歧视"数学家",他只是在强调投资其实很简单,而并不像常人想象中的那么复杂。他还说过:"由于价值投资非常简单,所以没有教授愿意教它。如果你已经取得博士学位,而且用很多年来学习运用数学模型进行复杂的计算,然后你再来学习价值投资,这就好像一个佛教信徒去西天取经,却发现只要懂得多行善事就足够了。"

那么,投资既然不需要很好的数学,那需要什么呢?在巴菲特看来,其答案为阅读。巴菲特一生非常注重阅读,他曾说:"我阅读了许多资料。我在图书馆待到最晚的时间才离开……我从BESTS(一家保险评级服务机构)开始阅读了许多保险公司的资料,还阅读了一些相关的书籍和公司年度报告。我一有机会就与保险业专家以及保险公司经理们进行沟通。"通过大量阅读与上市公司业务及财务相关的书籍和资料,巴菲特便能很好地对投资作出最准确的判断。

在1999年伯克希尔股东大会上,查理·芒格(美国投资家、巴菲特的黄金搭档)也说:"我认为我和巴菲特从一些非常优秀的财经书籍和杂志中学习到的东西比其他渠道要多得多。我认为,没有大量的广泛阅读,你根本不可能成为一个真正的成功投资者。"

那巴菲特主张投资者阅读哪些书籍呢?其主要有以下6本书。

1.《证券分析》(格雷厄姆著)。巴菲特建议每一位投资者阅读此书时至少阅读十遍。

2.《聪明的投资者》(格雷厄姆著)。巴菲特称该书为"有史以来最伟大的投资著作"。

3.《怎样选择成长股》（费舍尔著）。

4.《巴菲特致股东的信：股份公司教程》。

5.《杰克·韦尔奇自传》（杰克·韦尔奇著）。该书为世界第一CEO自传，被全球经理人奉为"CEO的宝典"。

6.《赢》（杰克·韦尔奇著）。

但巴菲特不仅局限于阅读，在阅读的基础上，他还坚持调研。按照巴菲特的观点，我们可以选择一些对自身产品非常熟悉的公司，然后找到该公司的大量年报，以及最近5~10年所有关于该公司的文章，深入钻研，让自己沉浸于其中。

当我们读完这些材料之后，便问问自己：我还有什么不知道却必须知道的东西？如果不知道，我们可以对该公司的竞争对手、雇员等进行访谈。这是一个调查的过程，就像一个新闻记者采访那样。调查完后，我们应该整理自己的思想，写出一篇访谈稿，从中总结出对我们投资有用的东西。

总之，在巴菲特看来，投资没什么难的，它并不需要很好的数学基础，只要自己愿意阅读就行了。和巴菲特有类似观点的是《富爸爸，穷爸爸》一书，该书称，投资理财只需小学五年级的数学功底，并不需要几何、微积分等数学知识。还有，韩国女性理财畅销书《女人变有钱真简单》也是这么认为的，作者李智莲这样写道："其实投资是一门不需要依靠数学技巧的科目。只要会计算，只要好好聆听，没必要担心会学不好。只要知道基础的计算法和拥有投资的经验，数学不好的女人照样能够在投资的游戏中胜过男人。"

为什么说投资不需要多少数学基础呢？其中很重要的一个原因在于当今科技高度发达，各种机器、各类软件会给你计算。例如，你去炒股，很多计算、分析软件都可以被你支配使用。

所以，数学不会是你投资路上的障碍，会投资的人不一定非得是"数学家"。如果你曾因为数学学得不好而迟迟不愿介入投资领域，那么从此刻起，你应放下这种思想包袱，多阅读相关书籍，专心致力于投资。

经济漫话

数学是投资的充分条件，但不是必要条件。数学好的人投资起来当然要容易得多，但数学不好的人也同样可以在投资领域进退自如。因此，如果我们真的想投资，想投好资，那么我们就不要再因为自己数学不够好而拒绝投资。记住，投资是每一个热爱者都可以追求的东西，而不是"数学家"的专利。

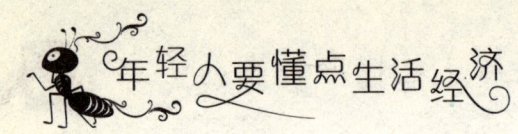

股票：资产增值的最基本手段

有人说："你想赚钱吗？炒股吧！"又有人说："即使最保守的投资者也应该把大部分金融资产放在股票里。"还有人说："股票的魅力就像每天早上的太阳都是新的一样。"所以说，股票是我们资产增值的最基本手段。

1602年，荷兰成立东印度公司，这是世界上最早的股份有限公司。后来，资本主义国家纷纷成立股份有限公司，以股票集资入股的方式随之渐渐诞生并发展起来，并且买卖交易转让股票的需求也慢慢产生了，这样，股票市场就出现了。如今，股份有限公司已成为最基本、最常见的公司组织形式之一，股票已成为大企业集资的重要方式和渠道，同时也是广大投资者使资产增值的最有利手段。那么，股票到底是一种怎样的增值手段呢？

股票是一种有价证券，是股份公司在筹集资本时向出资人公开或私下发行的、用以证明出资人的股本身份和权利，并根据持有人（股东）所持有的股份数享有权益和承担义务的凭证。股票代表着股东对股份公司的所有权，如投票表决、参与公司重大决策、收取股息和分享红利等。股票可以通过买卖交易方式实行有偿转让，而股东便能从

中收回其投资。对于广大投资者来说，股票的增值作用则体现为投资者可以通过低价买入股票和高价卖出股票的方式来获取差价收入。如某人在2009年12月23日看好了哈飞股份，并以18.85元/股的价格买进了10手（1000股）。2010年2月25日，这个人觉得哈飞股份已经上涨到相当高位，此后很可能要下跌，于是便以28.07元/股的价格将股票卖出，那么，这个人在两个月左右的时间便赚取了9220元钱。

根据不同的时间周期，股市投资模式分为短线、中线和长线三种。短线持续的时间最短，一般为两三天，最多不会超过一个月；中线持续的时间相对要长些，一般为一两个月，最多不会超过半年；长线持续的时间最长，一般为三五个月甚至长达数年。年轻人大多比较性急，可以选择一些涨势较好的股票做短线，在股票市场中快进快出，赚取其中的差价。

在涉入股市前，年轻人应做好各项基本准备工作，如学习K线知识、看盘理论和国内外成功的投资名人案例等，以轻松操作股票，而不至于在股市中束手无策。

在股票投资中，股票的买卖时机显得尤为重要。如果买早了，则成本较高；如果买晚了，则会错过一段上涨行情，还可能会被套；如果卖早了，则会错过更好的获利机会；如果卖晚了，则会被套牢在高位。所以，投资者应仔细研判盘面、多角度分析股价，从而判断出最有利的买卖时机。而股票价格的升跌主要受供求关系影响，买的人多则上涨，卖的人多则下跌。但万事万物都是有极限的，当买的人越来越多时，股价就会达到相对的顶峰，转而下跌；当卖的人越来越多时，股价就会达到相对的谷底，转而上涨。因此，投资者跟风买进要谨慎，当股价下跌了较长时间及较大幅度后最好不要将股票卖出。

一位和尚从来都没有炒过股，也从来都不曾想炒股。但一天，这

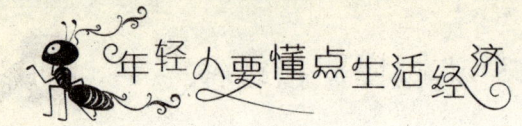

位和尚却阴差阳错地闯进了股市,他拿着自己化缘得来的钱,在某证券公司开了个户。这位和尚真是仁慈得很,总是让着别人,当很多人都在纷纷买进的时候,他不买;当很多人都在争相卖出的时候,他不卖,有时甚至还大量买进。一次,当股票进入了漫漫熊市,股价持续大跌的时候,很多投资者都纷纷割肉,而承接盘却很少,这时,和尚就说:"善哉善哉!钱对我们出家人来说乃身外之物,而且和尚的职责是救苦救难,大家都把股票卖给我吧,让我一个人来承担一切。"但出乎和尚和所有人意料的是,和尚不但没有被深深套牢,而且还收获不少。原来,在他买入股票不久后,股价突然来了个峰回路转,后期大涨。

　　如果把握了买卖时机,投资者便可以获得非常可观的利润,但股市运行无常、变幻莫测,有潜在的巨大风险。因此,年轻人选择股票投资时,要注意防患风险。千万不可过于贪婪,获得了一定的收益还想获得更多,否则容易被套。

　　一个深黑的夜晚,一位商人正走在回家的山路上。突然,商人听到一个极为神秘的声音:"如果你将路边的几颗石子捡起并拿回去,那么,你明天将会欢乐并痛苦着。"商人听后,觉得很诡异、很蹊跷,欢乐和痛苦怎么会同时出现呢?又会是什么样的欢乐和痛苦呢?怀着强大的好奇心,这位商人鼓起勇气捡了几颗石子放进口袋带回去了。第二天清晨,商人从睡梦中醒来后,发现石子竟然全变成了黄金。商人从床上跳下来,抱着这些由石子变成的黄金狂笑不止,但同时,商人又很懊悔,并不断地抱怨自己:"我当时为什么不多拿点呢?"于是,到了晚上,这位商人又悄悄来到了前一天晚上到达的地方,捡了两大箩筐石子挑了回去。次日,商人醒来,急切地打开箩

年轻人应懂点投资经济学

筐,却发现两大箩筐石子竟变成了两筐泥土,而且之前由石子变成的黄金,居然也变成了泥土。商人气得又倒在了床上。

所以,做股票投资应懂得适可而止,在获得一定的利润后就应懂得抛出,以兑现获利,而不可贪婪,否则,不但没有利润可言,而且还容易赔本。同时,做股票不应盲目崇拜、效仿名人,如现在很多人都非常崇拜股神巴菲特,并纷纷摘录、熟背巴菲特的投资名言,效仿巴菲特的投资方式——长线投资。其实,这是一种极不成熟的表现,每个人都有属于自己的经营模式,如果效仿就可以成功的话,那么世界上将会有无数个股神了,可是,这可能吗?

总而言之,年轻人应懂得用股票为自己的资产增值,但在投资过程中,一定要把握好买卖时机,注意防患风险。

经济漫话

股市是个让钱滚钱的大好地方,但这要求滚钱人具有专业的基础知识、锐利的眼光和独立的人格,而不可盲目买进卖出、贪得无厌甚至无知地效仿名人,否则,手中滚动的钱球将会慢慢"融化",越滚越小。

基金：让专家帮你赚钱

基金是一种间接的证券投资方式。自2006年起，我国基金的"赚钱效应"被不断放大，基民的队伍也迅速壮大，全国投"基"的热情持续高涨。可见，基金这种投资方式很受投资者的欢迎。

小程通过一年多的工作，攒下了一笔小钱。他觉得靠自己那点死工资赚钱太慢了，于是便想通过股票、债券等证券投资方式让钱生钱。可是，小程的工作很忙，有时周末都得加班，基本上没有什么闲暇时间。更重要的是，小程是学中文的，对金融知识一窍不通。一天，小程突然有了个主意，与其他几个人一起进行合伙出资，然后再雇一个投资高手来操作大家一起投资的资产，使之增值。可是，如果大家随时都要和这位投资高手交涉，那将会乱成一团糟。他把这个苦恼告诉了一位朋友，朋友告诉他，他们合伙的几个人可以商量一下，然后由其中最懂投资的那个人来做领头，由他统一付给投资高手劳务报酬费，随时向投资高手提及风险之事，定期向大家汇报投资盈亏动向等，到事情终了时，大家再给这个人一定的劳务费用。后来，小程按照朋友的办法投了资，赚了不少钱。

上面的例子便是合伙投资。如果这种合伙投资的活动通过了中国证券监督管理委员会（国家证券行业管理部门）的审批，而且该活动的领头还被允许向社会公开募集吸收投资者加入合伙出资，那么，这种合伙投资的规模便会扩大100倍、1000倍甚至更多倍。这种扩大后的投资方式就是我们常听说的基金了。

基金是一种间接的证券投资方式，是一种利益共享、风险共担的集合投资方式。它指的是基金管理公司通过发行基金份额来集中投资者的资金，由基金托管人（具有资格的银行）托管，由基金管理人管理和运用资金，从事股票、债券等金融投资，并将最后的收益按基金投资者的投资比例来进行分配的一种投资方式。

基金管理公司和其他基金投资者一样，都是合伙出资人，但它是这种合伙投资的领头操作人。和一般的领头不同的是，基金管理公司是通过中国证监会审批了的公司法人。由于是领头，所以基金管理公司每年都会从大家合伙投资的资金中按一定比例提取基金管理费（也就是劳务费），然后再为大家雇用一名负责操盘的基金经理（投资高手），以及辅助高手，帮高手收集信息等。

如果拿基金和股票来相比，那么我们可以这样来做比喻：股票是市场上的蔬菜、肉食等原材料，而基金则是餐馆中的熟食；前者需要自己烹调，而后者则是花钱请人烹调。因此，我们不难得知，投资基金就是花钱请理财专家为我们赚钱，这样做等于"吃"现成的，比做起股票来省心、轻松多了，收入较稳定，而且风险也较小。

按照不同标准，基金可以分以下为不同的种类。

1.按照基金单位是否可增加或赎回，基金可分为开放式基金和封闭式基金。开放式基金一般不上市交易，而是通过银行申购和赎回，基金规模不固定；封闭式基金一般在证券交易场所上市交易，基金规

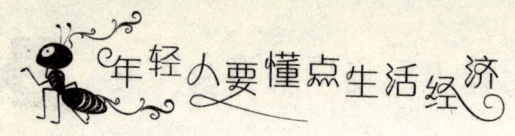

模固定。

2.按照组织形态的不同,基金可分为公司型基金和契约型基金。公司型基金一般指的是通过发行基金股份成立投资基金公司的形式设立的基金;契约型基金是指由基金管理人、基金托管人和投资人三方通过基金契约设立的基金。目前我国证券投资基金均为契约型基金。

3.按照投资风险与收益的不同,基金可分为成长型、收入型和平衡型基金。

4.按照投资对象的不同,基金可分为股票基金、债券基金、货币市场基金、期货基金等。

5.按照基金资本来源和运用地域的不同,基金可分为国内基金、国际基金、离岸基金和海外基金。

基金投资一般要经过三个阶段,即认购期、运作期(也叫"封闭期")和申购期。第一阶段的认购期一般为半个月左右,在此期间,投资者只能购买而不能卖出,买入价一般为1元;第二阶段的运作期一般在三个月以内,是一个准备期,在此期间,基金公司会用投资者的钱去建仓;第三阶段的申购期是个自由交易的阶段,投资者可在这一阶段任意买卖。

年轻人的余钱都不是很多,很适合做基金投资,但是基金学问很大,并非随便什么人都可以做的。网上曾经流传着这样一个帖子,标题为《想买基金,先过这关》,其内容大致如下。

一天,一位年轻人来到小米步童鞋店,他看好了其中一双鞋,这双鞋子标价为21元,成本价为15元。年轻人没有讲价,便掏出50元钱来结账。当时很不巧,鞋店老板没有零钱,只好拿着年轻人给的50元向邻居换了50元零钱,然后再找给年轻人29元钱。年轻人拿着鞋离开后不久,邻居来到小米步童鞋店,说刚才给他的那张50元钱是假的,

年轻人应懂点投资经济学

小米步童鞋店老板感到十分无奈，只好又拿出一张50元真钞给了邻居。现在请问：小米步童鞋店因为这次交易到底损失了多少钱？请在3分钟内作出回答，每人只可发帖答一次！如果你的答案是错误的，那么证明你不大适合做基金。

该帖的点击率相当高，回答的人数也上万。据统计，只有1％的人答对了，答案为44元。后来，很多网友对此提出质疑，44元并不是最佳的、唯一的答案。是啊，这个测试似乎是有点过于苛刻，但不管怎样，买基金的学问很大、很深奥，这一点是不用怀疑的。

那么，买基金需要哪些学问呢？这就需要投资者自己去琢磨、去学习。例如，应该买新基金好，还是老基金好呢？目前，很多投资者都喜欢买新基金，认为新基金的下跌空间小，上涨空间大。其实，当市场处于下跌趋势时，新基金也是会有一定下跌空间的，但由于其建仓仓位较轻所以下跌速度可能会小些。而老基金由于已经运作了很久，因此，投资者对它的过去业绩十分清楚，只要其投资团队没有发生实质性的变化，投资者便可以摸出其运行规律，从而准确作出买卖选择，那么到底是应该买新基金还是老基金呢？专家提出，最好的选择办法是"牛市买老，熊市买新"。因为在牛市中，新基金需要建仓时间，所以涨得相对慢些，同时，新基金的建仓也为老基金所持有的股票、债券等提供了一定的上涨支撑力；在熊市中，新基金可以通过延缓建仓时间来缓和下跌趋势，减小下跌空间。

还有一点，投资者必须注意的是：基金投资贵在坚持，这是基金市场的箴言。据资料显示，自20世纪牛市以来，美国持有基金的平均

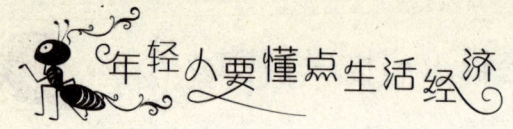

周期为三四年,这说明美国大部分基金投资将基金看做长期投资。的确,基金获利见效慢,如果频繁买进卖出,到头来是不会有多少收获的。因此,投资者应选择基金管理能力强的公司的基金,在市场处于连续下挫之后再买入,然后长期持有,在高位再卖出。

关于基金,这里已经介绍得不少了,也许,从未接触过基金的你仍觉得半懂不懂,如在云里雾里,但不要紧,当你亲身买过之后,你就会慢慢知道其中之意了。

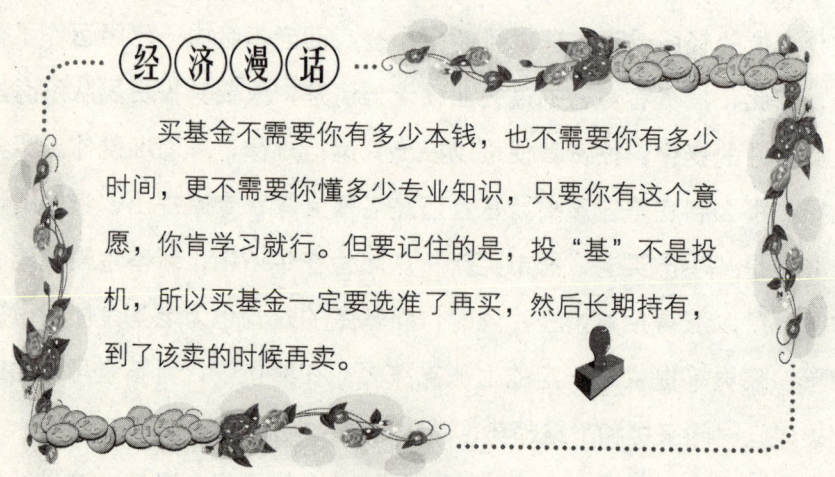

经济漫话

买基金不需要你有多少本钱,也不需要你有多少时间,更不需要你懂多少专业知识,只要你有这个意愿,你肯学习就行。但要记住的是,投"基"不是投机,所以买基金一定要选准了再买,然后长期持有,到了该卖的时候再卖。

债券：保守人理想的投资方式

  2008年，中国股市持续下挫，个股股价不断缩水，股市投资功能严重弱化。这时，很多人纷纷卖出了手中的股票，转而投向了债券，以往不大受重视的债券便越来越受到投资者的青睐。这是因为债券的风险较小，抗跌性强，所以投资者遭受亏损的可能性也就较小。

  森林里，一群动物在商讨着如何投资。猴子蹦蹦跳跳地说："买股票吧，要是能逮着个连拉涨停的股票，钱袋几天就可以鼓起来了，那多爽！"小猪打着哈欠说："买基金吧，买基金多省事，不用自己时时盯着，也不需懂多少专业知识，就算天天睡大觉都有得赚，多好啊！"小羊咩咩地说："呵呵，还是买债券吧，债券的风险要小些。"猴子便说："你真是个胆小鬼！风险可是和收益成正比的，风险小收益还不是也要小！"小猪在一旁拍打着蹄子表示赞成猴子说的话。后来，这个森林中大部分的动物都买了股票，小部分买了基金，而只有小羊买了债券。但有一天，股票突然跳空大跌，而且此后几个月内连续下跌，猴子赔得可惨了，它当时兴致勃勃地把所有的资产都投进了股市，而在两个月后，它的资产严重缩水，只有原来的一半，

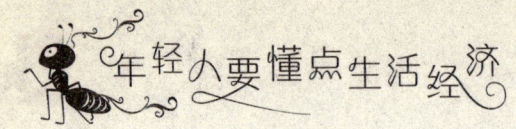

猴子只好忍痛把股票抛了，几天后，猴子一病不起。小猪买的股票型基金也跌了，但它心胸开阔得多，也没有因此受到多大影响，每天依然睡它的大觉。小羊呢，由于它选择了债券，而债券的抗跌性较强，因此，在股票、股票型基金持续下跌时，债券却可以为小羊带来利润。

从以上的故事中，我们不难看出，债券是一种抗跌性强、风险性小的投资方式。那么，到底什么是债券呢？

债券和股票一样，也是一种有价证券，一种虚拟成本，是重要的金融工具和投资方式。债券是政府、金融机构、工商企业等机构直接向社会借债筹措资金时，向投资者发行，并承诺按一定利率支付利息和按约定条件偿还本金的债权债务凭证。由于债券的利息通常是事先确定的，所以，债券又被称为固定利息证券。也正因为如此，债券的收益比较稳定，和企业的业绩没有直接联系，企业破了产，债券持有者可以优先于股票持有者索取企业的剩余资产。所以说，债券的操作安全系数较高，风险小，是保守人理想的投资方式。

根据不同的划分标准，债券可以划分为以下不同的种类。

1.根据发行主体的不同，债券可以分为政府债券、金融债券和企业（公司）债券。

2.根据债券偿还期限的不同，债券可以分为短期债券、中期债券和长期债券。期限在1年以下的债券通常为短期债券；期限在1～5年间的为中期债券；期限在5年以上的为长期债券。

3.根据是否有财产担保，债券可以分为抵押债券和信用债券。抵

押债券是指以企业财产作为担保的债券,按照抵押品的不同,其又可以分为一般抵押债券、不动产抵押债券、动产抵押债券和证券信托抵押债券;信用债券是指不以任何企业财产作为担保,完全依靠企业信用发行的债券。

4.根据债券形态的不同,债券可以分为实物债券、凭证式债券和记账式债券。实物债券是指具有标准格式实物券面的债券,也就是纸质的债券而不是电脑里面的数字;凭证式债券是指国家采取不印刷实物债券,而采取填制"国库券收款凭证"的方式发行的债券,通常被称为"储蓄式债券";记账式债券是指没有实物形态,而以电脑记账的方式记录的债券,它通过证券交易所系统发行和交易,又称"无纸化债券"。记账式债券就如同股票一样,可以随时在证券交易场所进行买卖交易,流通性较强。

5.根据是否可以转换为公司股票,债券可以分为可转换债券和不可转换债券。可转换债券是指在某一特定时间内可以按照某一固定比例转换成普通股的债券,其具有债务和债权的双重属性,为混合型筹资方式;不可转换债券又称普通债券,是指不可以转换成普通股的债券。

6.根据付息方式的不同,债券可以分为零息债券、定息债券和浮息债券。

7.根据能否提前偿还,债券可以划分为可赎回债券和不可赎回债券。

8.根据偿还方式的不同,债券可以分为一次到期债券和分期到期债券。

9.根据计息方式的不同,债券可以分为单利债券、复利债券和累计利率债券。

虽然债券的种类繁多,但其基本要素都是一样的,主要包括债券

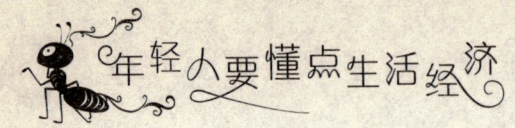

面值、债券价格、债券利率及债券还本期限与方式。

债券面值。债券面值包括两方面内容：币种和票面金额。币种既可以为本国货币，也可以为外币，发行者可以根据自己的需要选择。票面金额是债券到期时偿还债务的金额。为了便于买卖，债券多为小面额债券，面额一般是固定不变的，而且印在债券上，到期必须偿还。

债券价格。债券价格也就是债券发行时的价格。从理论上讲，债券价格就等于其面值。但事实上，由于受市场供求关系、利率变化等因素的影响，债券的市场价格不断发生变化，常常脱离其面值。

债券利率。债券利率是债券利息和债券面值的比率，其又分为固定利率和浮动利率。在通常情况下，债券利率为年利率，利息便是面值与利率的乘积。因此，债券利率直接影响债券的利息收益。债券利率主要受以下因素影响：发行者的资金状况、银行存贷利率水平、债券偿还期限以及市场的供求情况等。

债券还本期限与方式。债券还本期限指的是从债券发行日起至归还本金时的一段时间，一般会显示在债券票面上。债券还本期限短则几个月，长则十几年，其主要取决于发行者的需求、未来市场利率的变化趋势等。

债券的本质是债的证明书，具有法律效力。债券投资者与发行者之间是一种债权与债务关系，债券投资者即债权人，债券发行人即债务人。债券的收益主要来自两方面：一是利息收入；二是买卖债券所获取的差额。其中利息收入是稳定的，而买卖所获取的差额则由市场利率水平决定。债券价格和市场利率成反比，市场利率越高，债券价格越低；市场利率越低，债券价格越高。所以说，人们买入债券时，应权衡一下当时的利率水平。

2010年5月19日，小建准备投点资，赚点钱。他首先分析、预测了一下经济形势："从目前发展来看，经济增长速度可能放缓，利率在短期内上调的可能性小，因此，从宏观经济形势上看，适合买债券。"接下来，他又分析了一下股票市场，发现股价久不见底，具有很大的不确定性。因此，他毅然选择了债券，并在当天下午两点左右以101.40元的价格买了03三峡债。到2010年7月1日，该债券的价格已经上涨到了103.50元。

所以，如果你想利用手中的一笔钱投点资，赚点钱，但你又担心钱被投进去后如肉包子打狗有去无回，那么，你可以考虑债券，它会是你不错的选择。

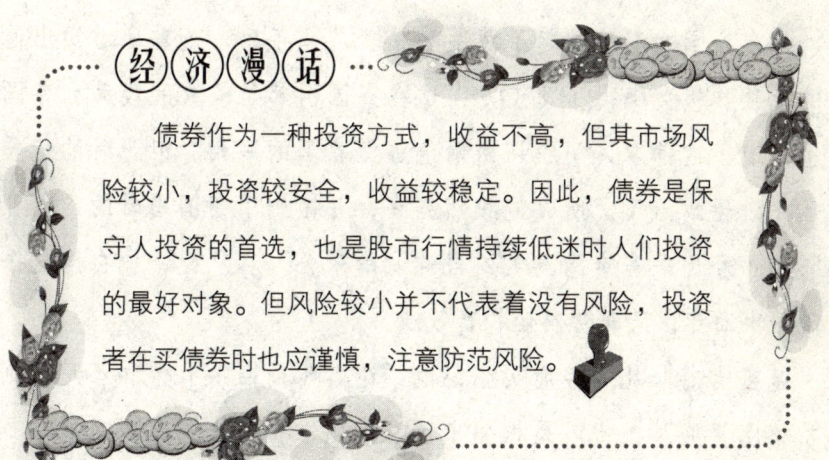

经济漫话

债券作为一种投资方式，收益不高，但其市场风险较小，投资较安全，收益较稳定。因此，债券是保守人投资的首选，也是股市行情持续低迷时人们投资的最好对象。但风险较小并不代表着没有风险，投资者在买债券时也应谨慎，注意防范风险。

期货：现在做将来的交易

在投资领域，有这样一种交易方式，你可以以实物为依据介入，如黄金、石油、小麦等，然后到买卖双方规定的时间内进行交割，但事实上，你交易的并不是这些实物，而是其价格。这种交易方式便是期货。

据《史记》所载，勾践破吴后，范蠡害怕勾践过河拆桥、卸磨杀驴，便在一个夜晚携带着金银财宝远走他乡了。后来，范蠡来到了齐国，并在齐国的海边种起了蔬菜和粮食。几年后，范蠡通过卖出他耕种的蔬菜和粮食赚得了几十万，这在齐国引起了较大的轰动。齐国国君也知道了这件事，便殷切邀请范蠡做齐国的宰相。但此时的范蠡，早已无心于政治了，所以他毅然辞官，并搬到了齐国当时的"商业中心"陶（今山东省定陶县），自称"陶朱公"。从此，他在陶这个地方既从事商业，又兼营农业和畜牧业。

范蠡有着非凡的经商头脑，他"论其（商品）有余和不足，则知（价格）贵贱"，也就是根据市场上的供求关系来判断商品价格是涨了还是跌了。更重要的是，他通过实践还总结出来物价涨跌是有极限的——"贵出如粪土，贱取如珠玉"，意思是说当商品的价格涨到了一定高位后,就要像对待粪土一般毫不吝惜地将其卖出;当商品的价格跌到了一定低位后,就要当其是珠宝一样买进来。也就是说商品的价格上涨到一定程度后必然会下跌,下跌到一定程度后必然会上涨,这便是当今市场的规律。范蠡正是按照这个规律进行买卖的,后来因此成为亿万富翁。

范蠡堪称中国历史上个人致富的鼻祖和典范,其"论其有余和不足,则知贵贱"及"贵出如粪土,贱取如朱玉"的实践总结,在实质上就相当于我们今天所讲的期货。

"期货"一词的英文名称为Futures,明显是由"Future(未来)"演化而来的。因此,我们就不难得知期货的概念了。期货的具体含义为:交易双方不必在买卖发生的时候就交收实货,而是可以共同约定在未来的某时交收实货。期货交易最初是从现货远期交易发展而来的,最初的现货远期交易是指由买卖双方口头承诺在未来某个时间交收一定数量的商品,后来由于交易范围渐渐扩大,口头承诺也就逐渐被买卖契约所取代了。随着时间的慢慢推移,这种买卖契约行为日益变得复杂起来,以致后来需要监督买卖双方按期交货及其缴纳款额的中间人,于是,在1570年,伦敦便出现了世界上第一家商品远期合同交易所——皇家交易所。到了1985年,芝加哥谷物交易所推出并开始使用一种新的标准化协议——期货合约,这种标准化合约允许合约转手买卖,并逐步完善了保证金制度。这时,便意味着一种专门买卖标准化合约的期货市场形成了,期货随即成为投资者的一种投资工具。

期货有两种形式,包括商品期货和金融期货,商品期货主要包括黄金、白银、原油、农产品等;金融期货包括股指、利率、汇率等。

期货交易的方式很像股票,都是低买高卖,但期货交易又明显不同于股票,其特点如下。

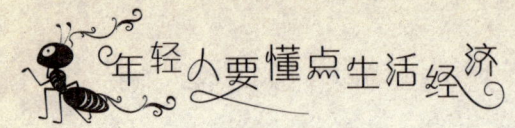

以小博大。股票实行的是全额交易制,也就是投入多少钱买多少价值相当的股票,而期货实行的是保证金制,也就是只需用成交额的5%~10%便可进行100%的交易。例如,你准备用1万元钱来投资,如果买10元/股的股票,你只能买1000股,如果买期货,你可成交10万元的商品。

双向交易。股票为单向交易,即只有先买进后才能卖出,而不能先卖出后买进,也就是不能做空;而期货为双向交易,投资者可以先买后卖,也可以先卖后买,即允许做空。

当猪肉价格为24元/公斤时,小可预知猪肉价格将要下跌,于是便在期货市场与一位买家签订了一份合约,约定在一年内,小可可以随时以24元/公斤的价格卖给买家1000公斤猪肉。三个多月后,猪肉价格出现了一定的下跌幅度。小可觉得猪肉价格还将下跌,所以仍然持有合约。八个月后,猪肉价格出现直线下跌,当跌到14元/公斤时,小可觉得跌得差不多了,后期可能出现反弹,因此便立即以14元/公斤的价格买了1000公斤猪肉,然后开始兑现当时合约上的承诺,即以24元/公斤的价格卖给买家1000公斤猪肉。这样,不到一年,小可便赚了10000元钱。

上例中小可为什么要做空呢?买家又为什么愿意接受他提出的条件呢?这是因为小可预测猪肉价格会下跌,而买家则认为猪肉价格还将上涨。结果证明小可的判断是正确的。

时间制约。从长期来看,期货股票交易没有时间上的限制,买进后可以长期持有;而期货则不一样,它有交易时间限制,到了期限就必须进行买卖。

杠杆性强。由于实行保证金制,期货原来的行情可以放大10倍,所以利润非常高。但又由于有时间限制,期货便具有巨大的风险。所

以，期货的收益高，风险也高。难怪有人会说："如果你爱一个人，就让他做期货，因为那里是天堂；如果你恨一个人，也让他做期货，因为那里是地狱。"

交易模式。股票实行T+1交易，也就是指当天买入股票后至少要到第二个交易日才可以卖出，而不可以在当天卖出；而期货实行T+0交易，也就是指当天买了之后可以在当天就卖出。因此，投资者做期货时可在一天之内频繁交易，不断买进卖出，这样既增加了资金的使用率，又可以多次获利。

从以上特点我们不难看出，期货的获利是丰厚的，其获利机会也是非常多的，因此，期货就像个金库一样，吸引着无数投资者前往淘金。但不是什么人都可以在期货市场上大赚一笔的，期货是为有准备的人提供的金库。如果只是抱着发财的梦想来随便赌一把，是很难成功。但如果经过了长期的专业训练以及对市场进行了仔细的观察和分析，则很容易达到目的。

从前，有个小男孩，非常孝顺，为了减轻父母的负担，他决定找一份工作。一天，他来到了一家商铺，正好这家商铺要招一名小店员。但是，同时前来应聘的还有其他6个小男孩。店主说："你们看起来都很不错，但我们店只录用你们其中的一个。这样吧，我们来个小小的比赛，谁赢了，我们就录用谁。"小男孩们都点了点头，表示同意。店长拿出一根细钢管来，接着说："你们看，这是一根细钢管，我现在要在离钢管2米的地方画一条线。然后我会

给你们一些小玻璃球，你们都站在这条线的外缘，试图将小玻璃球投进钢管中，每人投10次，谁投进的次数最多，谁就赢了。"大家觉得很有意思，都争相要先投，但是令店主失望的是，到了天黑，竟然没有一个人投进去，店主只好决定第二天重新比赛。次日，只来了3个小男孩，包括那位非常孝顺的小男孩在内。店主对他们说："你们3个因为自己的坚持而淘汰了其他4个对手，这是非常难得的，现在你们3个仍将进行一次比赛，谁赢了谁就可以留下来。"说完后，比赛便开始了。前面2个小男孩争先投掷完了，其中一个投进了一次，而另一个和昨天一样一个也没投进。轮到那位很孝顺的小男孩了，只见他镇定地走到线的外缘，稳稳地拿住玻璃球，双眼专注地注视着前方的钢管，然后将玻璃球轻松掷了过去，一个，两个……小男孩最后竟然投进了7个，店主、店员和其他两位小男孩都惊呆了。店主高兴地说："恭喜你，你是最后的赢者，很棒的赢者。可是，你能否告诉我，你的诀窍是什么呢？"小男孩从容说道："原本我以为这种比赛是完全靠运气才能赢得的，但后来我又想，要是没有任何经验而又不经过练习，就算是运气最好的人，投10次也只可能进1次。但是经过练习后，投10次进1次根本就不成问题。所以，我的诀窍是练习，做足充分的准备。"

  为了能够被店主录用，小男孩没有因为当天没投进就打退堂鼓，而是不惜利用睡眠时间来练习，为店主给的第二次机会做好充分的准备，这不正是做期货必须具备的条件吗？是啊，做期货不能怀着碰一碰运气的想法去做，不能因为没有收获就不再坚持了，更不能在没有任何准备的情况下就开始进行操作。

  期货，是一场将来的交易，是用现在做将来的交易。我们年轻人如果现在没有多少钱，不要紧，因为期货不需要多少本钱。即使没有本钱，我们也可以做空，到将来照样可以获得十分不错的收益。而为

了将来能够获利，我们现在就应该做好充分的准备，好好学习相关方面的知识，及时跟踪市场动向等。

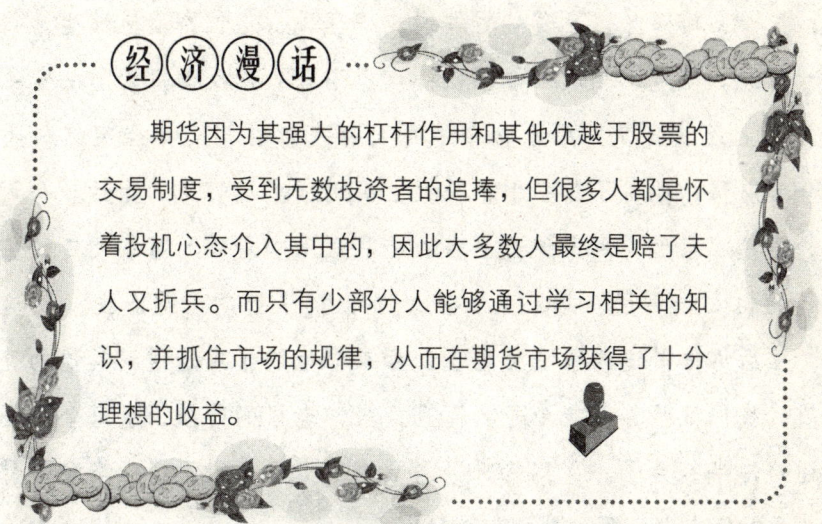

经济漫话

期货因为其强大的杠杆作用和其他优越于股票的交易制度，受到无数投资者的追捧，但很多人都是怀着投机心态介入其中的，因此大多数人最终是赔了夫人又折兵。而只有少部分人能够通过学习相关的知识，并抓住市场的规律，从而在期货市场获得了十分理想的收益。

保险：为未来绑紧安全带

丘吉尔曾说："如果我可以，我要把'保险'这两个字写在家家户户的门上，以及每一位公务员的手册上。因为我深信，通过保险，每个家庭只要付出很小的代价，就可避免遭受永劫不复的灾难。"的确，保险是一种很有价值的投资，今天买保险也就等于为未来绑紧了安全带。

从前，有一位年轻的富翁，家里非常有钱。他每天住着豪华别墅，吃着山珍海味，穿着绫罗绸缎。按理说，这位富翁应该生活得非常开心的。但是，相反，他不仅一点也不开心，反而每天眉头紧锁，而且晚上还做噩梦。原来，富翁每日每夜都在担心他会突然失去他的全部财富，他可不想一下子从天上掉到地上过穷人的生活。一天清晨，富翁起床后听到土地公公在山上高兴地唱着歌。富翁便走过去把自己的担心告诉了土地公公，土地公公摸了把胡子笑着说："这样吧，往后你每月送给我一袋金子，如果你生病了或是遇到其他的突发事故，我保证给你五袋金子。而且，当你老了的时候，我每个月还会返还给你半袋金子。"富翁听了，觉得这个主意很不错，毕竟每月一袋金子对他来说只不过是个小数目而已。

年轻人应懂点投资经济学

不难看出，这则故事讲述的其实也就是我们今天的保险。如今，"保险"一词是我们生活中使用频率十分高的一个词语。"保险"由英语单词"insurance"翻译而来，有广义和狭义之分，我们通常所说的保险是指狭义的保险，也就是商业保险，指的是投保人根据合同约定，向保险人支付保险费，保险人对于合同约定的可能发生的事故因其发生所造成的财产损失承担赔偿保险金责任，或者当被保险人死亡、伤残、疾病或者达到合同约定的年龄、期限时承担给付保险金责任的商业保险行为。

很多人尤其是年轻人对保险的兴趣不大，不怎么愿意买保险。这主要是因为年轻人觉得自己还年轻，身体健康，一般都不会生什么大病，遭遇意外的概率也极小，所以根本就不需要买保险。同时，年轻人往往喜欢收益高且比较高风险的投资，如股票、基金等，而保险的收益太低，也没有刺激性。

可是，我们年轻人应该清醒地意识到，天有不测风云，人有旦夕祸福，我们不知道明天会发生什么。来看看我们所处的环境吧，空气污染、环境污染、食品污染十分严重，用药水泡熟的水果、加避孕药养大的鱼等无不危害着我们的身体，这些都使得各种重大疾病越来越年轻化。还有，随着人们生活水平的提高和人口迅速增长，交通意外也越来越多。身处于这样一个危机、风险随时都可能发生的社会，我们将用什么来保证、维护我们的利益？假如我们真的遭遇了一场大病、一场车祸，我们凭自己及亲朋好友的力量能支付得了这些意外造成的昂贵费用吗？即使能，那也势必会影响自己及亲朋好友日后的生活。

无疑，保险能帮助人们轻松地解决这些问题，因为它是一种分散风险、集中承担的社会行为，其本质是"我为人人，人人为我"，也就是说在平日集合大家的金钱力量，当一人有难时则用大家的钱去帮

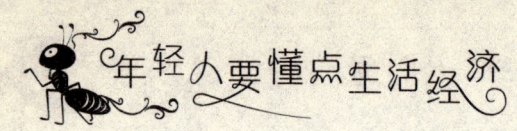

忙。因此，对于个人而言，如果我们花少量的费用办了保险，那么在遭遇疾病、意外伤害以及其他一些灾难时，我们便可以拿到保险公司丰厚的赔偿金了，而不至于因为没有钱而默默地忍受无边的痛苦。

小敏来自山西某小山村，从小就用功学习。大学毕业后，小敏凭着过硬的专业基础知识和非凡的实践能力进入某外企工作，待遇十分丰厚。每月拿到工资，小敏都会在第一时间给家里打钱，让一家老小改善改善生活。为此，父母感到特别欣慰。但是，就在家人欣慰不到两年时，一场突如其来的灾难降临到了小敏的身上——小敏在上班途中被一辆违规行驶的车辆撞倒，腿部严重受伤，有瘫痪的危险。家人闻讯后急得如热锅上的蚂蚁，四处筹钱为女儿看病。可是，小敏家的亲朋好友也大多不富裕，最后筹到的钱还不够5000元，而小敏的治疗费、住院费等至少也要一两万。正当他们不知如何是好的时候，保险公司给他们送来了一笔丰厚的保险赔偿金。原来，小敏参加工作一年后，就给自己办了意外伤险。

风险是无情的，而保险是有情的，保险虽然不能预防风险的发生，但却能有效避免风险带来的巨大经济和精神损失。

保险不仅是一种未雨绸缪的科学举措，而且还是一笔丰厚的财富。李嘉诚曾说过："别人都说我很富有，拥有很多的财富，其实真正属于我的个人财富，是给自己和亲人买了充足的人寿保险。"如果我们一生都平平安安，没生过什么大病，也没遭遇过什么意外，那么，我们投入的保险金便可以作为自己的养老金或是留给家人了，而我们将来拿到的养老金或是留给家人的钱财将是十分可观的。

因此，买保险是一种明智之举，其不仅可以避免更大的经济损失，还可以为未来储蓄丰厚的财富。我们年轻人应摆正观念，根据自身的经济条件，积极为自己买份保险，主要包括医疗保险、意外保险和养老保险。

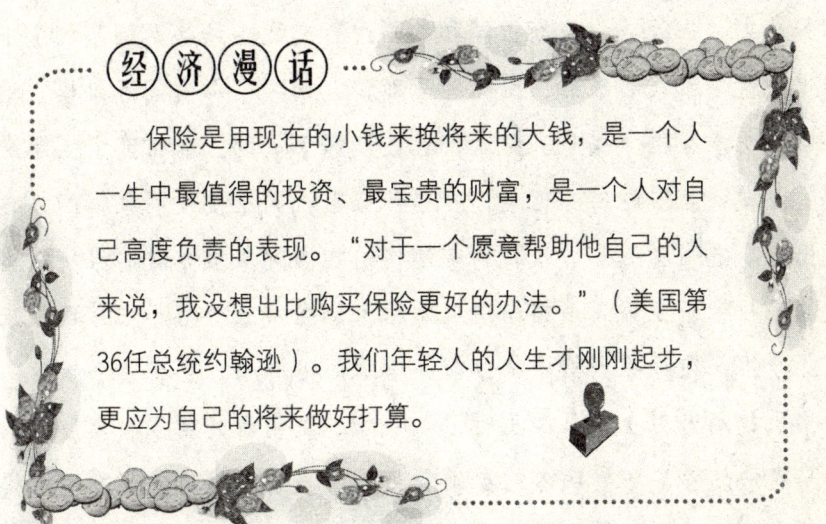

经济漫话

保险是用现在的小钱来换将来的大钱，是一个人一生中最值得的投资、最宝贵的财富，是一个人对自己高度负责的表现。"对于一个愿意帮助他自己的人来说，我没想出比购买保险更好的办法。"（美国第36任总统约翰逊）。我们年轻人的人生才刚刚起步，更应为自己的将来做好打算。

复利：最神奇的赚钱工具

爱因斯坦说："世界上最强大的力量不是原子弹，而是复利。""复利是世界上第八大奇迹。"的确，复利是钱滚钱最有效的工具，别看它的起点非常低，但经过一定时间的积累，其产生的财富效应往往是非常惊人的，堪称当今世上最神奇的赚钱工具。

据说，国际象棋是"国王的游戏"，国王们常常通过国际象棋来将死对方。一天，古波斯王国和邻国进行交战，结果两国不相上下，谁也战胜不了谁。最后，两国国王商议，两人下一盘国际象棋，谁赢了就说明谁赢得了战争。结果，古波斯赢了。国王非常高兴，于是决定赏赐发明象棋的人，但是，赏赐什么呢？国王要发明象棋的人自己提出来。发明者说："我要的赏赐便是在国际象棋棋盘的第一个格子中放一粒米，在第二个格子中放两粒米，在第三个格子中放四粒米，以此类推，在每一个格中都放前一格的两倍的米，直到整个棋盘的64个格子放满米为止。"国王听了，心想，发明者的要求也真够低的，于是爽快地答应了发明者的要求。可是，当仓管人员按照发明者提出的要求给发明者取米时，这才发现，即使把全国的米都给发明者，也

不够啊！仓管人员把他的发现告诉了国王，国王大惊，便召来整个古波斯最有名的数学家来计算一下发明者要求赏赐的到底是多少米。最后，数学家得出的结果是18446744073709600000粒米，这简直是个天文数字！但君子一言九鼎，国王只好给发明者另外一种上等的赏赐：上千公顷的土地和庄园。

你知道18446744073709600000粒米到底有多重吗？据我国粮食部门的推算，1斤米大约有2万粒米，那么18446744073709600000粒米便有922337203685480斤，也就是920万多亿斤，而据2006年的统计数据显示，我国全国粮食产量仅为9800亿斤左右。可见，按照那位发明者的计算，其结果是多么神奇！简直就是魔力！

其实，以上天文数字的产生，是由我们今天金融学里面所说的复利导致的。那么，到底什么是复利呢？复利，简而言之就是利上有利，它是一种计算方法，对本金及其产生的利息一并计算。其公式为

$$S=P(1+i)^n$$

其中，P为本金，i为利率，n为持有期限。例如，你向某机构投资了1万元，如果月利率为5%，期限为12个月，那么，按照复利计算，你到时可以获得的全部金额为：$10000\times(1+0.05)^{12}$。

复利不是奇幻的数字游戏，而是财富的魔棒，是最神奇的赚钱工具，有了它我们便可以创造奇迹般的财富神话。但是，从复利的公式中我们不难得知，复利投资是需要消耗相当长的时间的，持续时间越长，积累的财富也就越多，所以，如果没有一定时间的积累，复利是不会产生多少财富的。因此，选择复利的投资者须要有相当的耐心和毅力，然而，有多少人能真正耗得起时间？所以，当今世上，能很好地使用复利这根魔棒的人只有少数，股神巴菲特是其中最著名的一个，而且巴菲特很小的时候就知道了复利的神奇魔力。

年轻人要懂点生活经济

7岁的时候,巴菲特因为盲肠炎而住了院。一天,他躺在病床上,拿着铅笔写下了自己已经攒下了多少钱,然后再根据复利的计算方式,计算自己什么时候能成为亿万富翁。护士们知道后,也只是把巴菲特的这种行为归结为儿童天真的个性使然。但是,

护士们错了,巴菲特不是一般的儿童,他是这样算的,也是这样去做的。他后来从一开始买入股票起,就长期持有着,从而获得了巨大的利润。例如,他持有可口可乐公司股票19年,利润翻了7倍多;持有华盛顿邮报股票33年,利润翻了128倍。正是由于长年的坚持,由于复利的财富魔幻效应,巴菲特用100美元起家,赚到了今天的500亿美元,成为世界超级富豪。

有人曾做过这样的假设,如果在1957年将1万美元投资在巴菲特投资的股票上,到1970年巴菲特解散合伙公司时,1万美元的资金将可以增值到16万;如果把该16万美元继续投资到巴菲特的伯克希尔公司,那么公司的股价已经从当初的7美元上升到现在的每股14万美元,其利润已经上涨了7万倍,而且还将继续增长。所以说,如果看准了,如果坚持了,每个人都可能成为富翁。

在复利的基础上,有人提出了"70规则",它是一种估计复利的捷径,即如果某个变量年增长率为$X\%$,则该变量将会在$70/X$年内翻一番。例如,你在今年选择了一笔增值率为7.2%的投资,那么10年后,你的所得将会是原始投资的两倍。如果这笔投资的增长率为12%,那么你的原始投资翻一番的时间则为6年。

年轻人应懂点投资经济学

小瑞和小玮同时大学毕业,小瑞在家乡山东找了份工作,而小玮则在深圳求得了发展。转正后,两人工资差不多高,年收入都在3万元左右。此后数十年,小瑞一直留在家乡,小玮则一直留在深圳。假设山东每年经济发展速度是1%,而深圳则是3%。那么,40年后,小瑞的年收入将会变成4.5万元,而小玮的年收入则将会变成9.8万元,是小瑞的两倍多。

为什么他们的起点是一样而到头来却会有这么大的区别呢?其根本原因就在那2%的增长率差异和40年的漫漫时光上。小瑞身处的山东经济发展速度为1%,若要翻一番则需要70年时间,而在小玮所处的深圳经济发展速度为3%,若要翻一番只需要20年的时间。所以,小玮的年收入会比小瑞的要涨得快。

阿基米得说:"给我一个支点和一个杠杆,我可以撬起地球。"如果把这个杠杆看做时间,把支点当成一个正确的投资方法。那么,我们可以将这句话改成:"给我一个正确的投资方法和长期的时间,我可以将一块钱变成10亿元。"

任何事物都具有两面性,复利也不例外。复利既可以使人的财富剧增,也可以使人的财富剧减。例如,如果你选择了贷款,而且还迟迟还不了,那么你所欠下的债款也必定会像滚雪球一样越滚越大;如果你在选择某种投资时,出现了一点小错误,但你却没有及时改正,随着时间的推移,你损失的金钱也必定十分惊人。所以,有人会说:"时间是优秀企业的朋友,是不良企业的敌人。"如果我们的选择是对的,我们最后所得的财富会因复利的作用而不断地扩大;而一旦我们的选择出现错误,我们最后付出的财富也会随着时间的推移而放大。

我国最伟大的浪漫主义诗人屈原曾大唱:"路漫漫其修远兮,吾

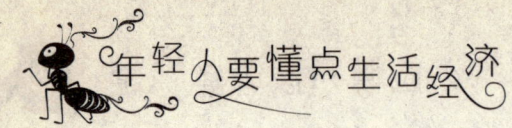

将上下而求索。"这句话同样也可以用作投资中。投资的道路是曲折而漫长的，但我们要持续不断地坚持走下去。如果将我们的投资的时间看做是开篇故事中的象棋格子，那么，我们投入的资金便是大米。我们年轻人没有多少钱，但一粒米的财富总该有吧，所以我们应该坚持按照复利的方法，逐步填满我们人生的"象棋格子"，总有一天，我们也会成为富翁。

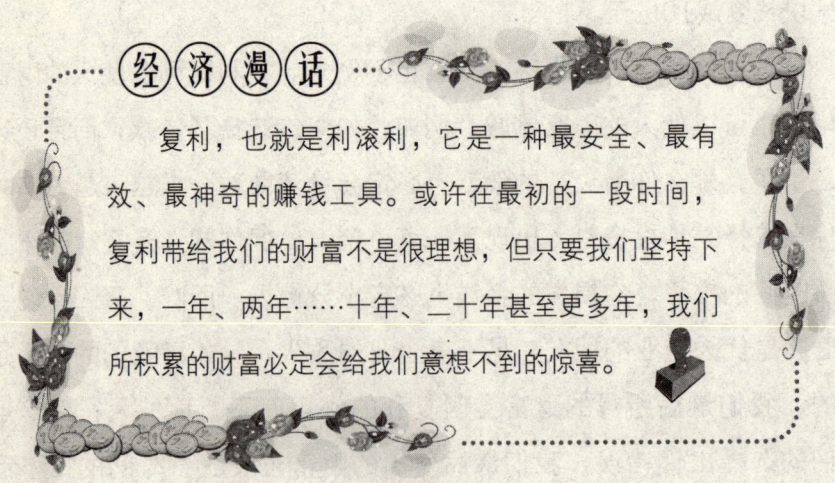

经济漫话

复利，也就是利滚利，它是一种最安全、最有效、最神奇的赚钱工具。或许在最初的一段时间，复利带给我们的财富不是很理想，但只要我们坚持下来，一年、两年……十年、二十年甚至更多年，我们所积累的财富必定会给我们意想不到的惊喜。

组合投资：不要把鸡蛋放在同一个篮子里

在2009年电影《建国大业》中，毛泽东风趣地说，"不要把鸡蛋都放在一个篮子里嘛！分开放，打烂了一坨，还有一坨！""不要把所有的鸡蛋都放在一个篮子里"，这是影片中党中央分散战争风险的原则，也是经济学里面重要的组合投资原则。

"不，相信我；感谢我的命运，我买卖的成败并不完全寄托在一艘船上，更不是依赖着一处地方；我的全部财产，也不会因为这一年的盈亏而受到影响，所以我的货物并不能使我忧愁。"这是莎士比亚的《威尼斯商人》中的主人公安东尼奥说的一段话，其阐述的实质就是组合投资。那么，到底什么是组合投资呢？

所谓组合投资，指的是投资者把资金按照一定的比例分别投资在不同种类的产品或同一种产品的不同品种上的投资方式。在具体内容方面，它可以分为两个层次：一是在股票、债券和现金等各种资产之间的组合，即按照一定的比例对不同种类的产品进行投资分配；二是同一种产品内的组合，即在同一种产品中选择哪些品种以及各自的比重是多少。通过组合投资，我们可以大大分散投资风险，从而使收益

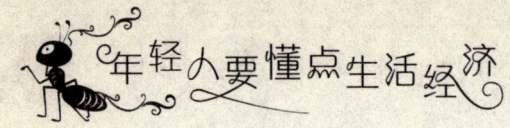

得到最大化。

组合投资其实也就是我们常说的"不要把鸡蛋放在同一个篮子里",试想,鸡蛋是种易碎的东西,如果把鸡蛋放在同一个篮子里,当出现风险时,篮子被推翻了,那么还有几个鸡蛋能幸免于难呢?所以,为了分散风险,放鸡蛋最好的办法是分别放在多个不同的篮子里,而不要放在同一个篮子里。

也许你要说,把鸡蛋放在同一篮子里后,将篮子放在一个比较安全的地方,这样就不会有什么风险了。但是,风险这东西是无处不在,无时不有的,令人防不胜防。

也许你又要说,进行组合投资似乎是资金雄厚的富人们所能操作的事,而我们年轻人的钱又不是很多,还不如把为数不多的几个鸡蛋放在同一个篮子里呢,这样既可以节省成本,又可以集中看管,如果将它们拿到市场上去运作一把,说不定还能收获不少呢。其实,组合投资的目的是为了降低风险,跟资金的多少没有多大关系。

有一位扒手在一次行窃过程中不小心被便衣警察当场抓住,警察好奇地问他:"以你这么有经验的人来看,普通老百姓应怎样防止你们这些扒手呢?"扒手答道:"不要把所有的钱财都放在一个口袋里。"是啊,不要把所有的钱财都放在一个口袋里,这样就算我们被偷了一个口袋里的钱,我们还有其他口袋里的钱。这句话与"不要把鸡蛋放在同一个篮子里"有异曲同工之妙,它同样可以用来形容组合投资。

那么,在具体操作过程中,我们应该怎样来进行组合投资呢?这里有个"32221"投资组合,即将个人全部的30%存入银行以备后用,其他70%均用来投资,其中可用20%购买股票,20%购买债券,20%投资收藏,10%购买保险。因为投资股票的风险很大,所以专家往

往不建议大量投入。有些专家建议，股票投资的比重应根据年龄来选择，有个"80"定律是这样规定的：股票投资占总资产的比重应该等于80减去投资者年龄的得数添上一个百分号（％）。例如，25岁时可以投资占总资产55％的股票，30岁时股票投资则可占50％。这主要是因为一个人越年轻，风险承受能力就越强。当然，这样也不是绝对的。

巴菲特的恩师、世界上非常成功的投资大师本杰明·格雷厄姆在其巨著《聪明的投资者》中也告诫投资者应合理规划手中的投资组合。例如，你想同时投资股票和债券，那么，你可以用25％的资金投资股票，再用25％的资金投资债券或投资与债券等值的其他方面，至于剩下的50％的资金，则可根据股票和债券的赢利情况来分配其比重。若股票赢利率大于债券，则可多买一些股票；反之，则多买一些债券。但是，格雷厄姆又补充道，这一投资组合只适合于牛市中，如果市场进入熊市，你应立即抛售你手中持有的大部分股票和债券，而仅留下25％的股票或债券。

在同一种投资产品上，专家也给出了相关建议。例如，在他们看来，基金投资组合可以分为两个层次：第一层次是在股票、债券和现金等各类资产之间的组合，即如何在不同的资产当中进行比例分配；第二个层次是债券的组合与股票的组合，即在同一个资产等级中选择哪几个品种的债券和哪几个品种的股票以及各自的比重是多少。

在专家意见的基础上，我们还应分析个人特点。如果自己风险承受能力较强，则可以多选择一些股票等风险较高的产品投资；如果风险承受能力较弱，则应多选择一些债券等风险较低的产品投资。

当组合投资已经实行后，我们应区别对待，如果是风险低的产品，我们应长期持有，因为长期的复利价值是十分惊人的；如果是风险高的产品，我们应随时追踪市场，及时调整自己的组合策略。毕竟

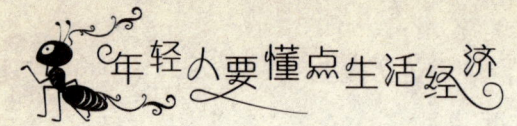

年轻人要懂点生活经济

  我们选择组合投资最初的目的是为了分散风险，但我们最终其实是为了获得更好的收益。所以，进行组合投资后，我们应重视最后的收益，区别对待各种不同的投资。同时，我们还应从整体上来审视我们的投资，如果在5年时间内，我们的投资组合收益率连5％都达不到，那我们当初还不如去买5年期限的债券。

  我们还需要注意的是，组合投资的投资产品并不是越多越好，关键还是要看质量。若投资很多质量较次的产品，我们不仅不能分散风险，反而会集中风险，还不如不投资。而且，投资产品的数量越多，越难以管理，毕竟一个人的精力是有限的。因此，选择组合投资时，应选择质量好的产品，同时还要兼顾自己的时间。

  组合投资是一种非常值得选择的投资方式，年轻人不妨试一试，看看它为你带来的收益如何。

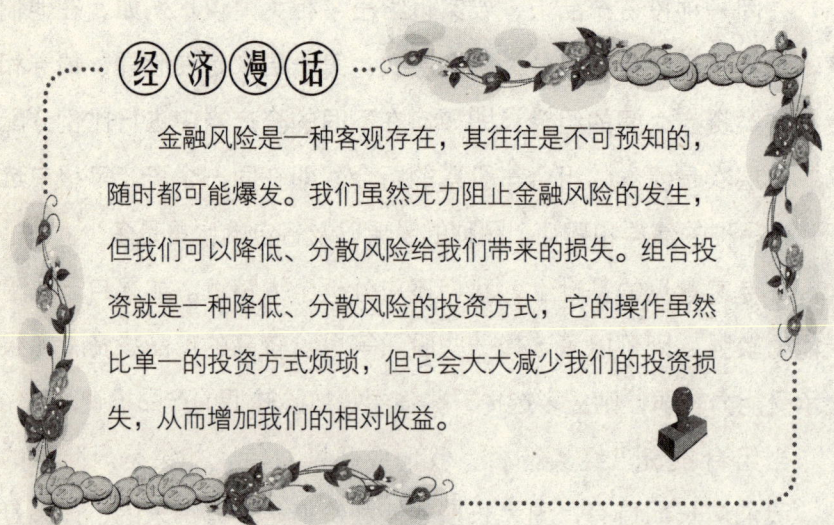

经济漫话

  金融风险是一种客观存在，其往往是不可预知的，随时都可能爆发。我们虽然无力阻止金融风险的发生，但我们可以降低、分散风险给我们带来的损失。组合投资就是一种降低、分散风险的投资方式，它的操作虽然比单一的投资方式烦琐，但它会大大减少我们的投资损失，从而增加我们的相对收益。

第 4 章
Chapter Four

年轻人要知道的职场经济学

职场犹如战场,稍不留神,就中了埋伏,遭了子弹。因此,混迹于职场之中,我们只有深谙职场智慧才能赢得胜利。而职场又是个和钱打交道的地方,用经济学来诠释职场经济是最适合不过的了。

蝴蝶效应：小细节体现大智慧

李嘉诚曾经在一次讲学中说过："栽种思想，成就行为；栽种行为，成就习惯；栽种习惯，成就性格；栽种性格，成就命运。"可见，细节的力量是伟大的，一个小的行为习惯可以成就一个人，也可以毁灭一个人。

职场中的很多小细节总是会被我们忽视，细节是平凡的、零散的，比如一个微乎其微的动作，一句漫不经心的说话……都有可能对我们的职业生涯造成不可估量的影响。小事成就大事，细节决定成败。细节的力量就如混沌学的创始人爱德华·洛伦兹曾经提到的：一只南美洲亚马孙河流域热带雨林中的蝴蝶，偶尔扇动几下翅膀，可能在两周后引起美国得克萨斯州的一场龙卷风。这也就是著名的"蝴蝶效应"理论。

"蝴蝶效应"也被称为"台球效应"，是混沌学理论中的一个重要概念，它是指对初始条件敏感性的一种依赖现象，即初始条件的极小偏差，将会引起结果的极大差异。"蝴蝶效应"产生的原因就在于：蝴蝶翅膀的运动，会导致其身边的空气系统发生变化，并引起微弱气流的产生，而微弱气流的产生又会引起它四周空气或其他系统的

年轻人要知道的职场经济学

极大变化。

"蝴蝶效应"是混沌理论的典型。混沌理论认为，在混沌系统中，初始条件的微小变化经过不断放大，对其未来状态会造成极其巨大的差别。这也正如《易经》中讲的："君子慎始，差之毫厘，谬以千里。"精通棋道的人都明白，在下棋的过程中，不能只将目光专注于眼前的一两步棋，而是要纵观全局、统筹思维，避免出现"一着不慎、满盘皆输"的状况。

"蝴蝶效应"令人着迷，发人深省，其魅力并不仅仅在于其大胆的想象力和迷人的色彩，更在于其内在的科学内涵以及哲学韵味。《韩非子·喻老》中有"纣为象箸而箕子怖"的故事：商纣的王叔箕子看到纣王用象牙筷子就很害怕，因为有了象牙筷子，杯子也就会换成犀玉杯。有了犀玉杯，纣王就不吃粗粮豆汤，而是要吃牛肉、象肉、豹肉，甚至是未出世的胎肉等精美的食物。吃这些精美的食物，纣王就不会穿着短的粗布衣服在茅屋中吃饭，而是会穿华丽的衣服，在华丽的宫殿进食。如此穷奢极侈，箕子怕纣王亡国。

一双象牙筷子，本来是一个极其微小的初始条件，但正是这个极其微小的初始条件，经过不断放大，最终会导致一个国家的灭亡。所以说，因一双象牙筷子而亡国，表面看起来有点不可思议，但这样的事情确实能够发生。

"蝴蝶效应"可谓无处不在，1998年亚洲发生的金融危机和美国发生的股市风暴，实际上就是经济运作中的"蝴蝶效应"；也是在同一年，太平洋上出现的"厄尔尼诺"现象，就是大气运动引起的"蝴蝶效应"。职场中的"蝴蝶效应"也是屡见不鲜。

一位年轻人去一家美国独资企业面试。在面试前，年轻人做好了充分准备，但由于这家企业对人才的筛选十分严格，要经过多次闯关,所以年轻人还是有点紧张。

　　前面几关,年轻人一个个都通过了。轮到最后一关了,面试他的是公司的副总经理。这位副总经理很奇怪,他一坐在年轻人对面后,就开始拿起手机打电话,在打电话过程中,他突然示意年轻人:"麻烦你帮我到文件柜里拿一下文件夹,我需要查阅一些数据。"年轻人不慌不忙地走到文件柜处,拿出一个文件夹递给副总经理。但是,令他不解的是,副总经理连看都不看一眼,就把文件夹放在桌子上,继续打他的电话。一会儿,副总经理停止了打电话,对年轻人说:"小伙子,面试已经结束了,但遗憾的是,你没有被录取。""怎么就结束了呢?你都还没面试我呢!"年轻人丈二和尚摸不着头脑。副总经理解释道:"刚才我要你帮忙取文件夹就是面试的内容。"年轻人还是不大明白,问:"可是,我因为什么而落选呢?"副总经理详细地说道:"好,你听着,你主要是败在细节上。取文件夹本来是个非常简单而容易的事,但就在这简单而容易的事情上,你忽视了3个小细节。首先,柜子里的文件夹一共有4个,而且是编着号的,但是你没有问我需要拿哪个号的文件夹,而是随便拿了一个就递给我;其次,我当时正在打电话,你应该尽可能在最短的时间内递给我文件夹以节省对方等待的时间和公司电话费的,但是,你却慢悠悠地走过去拿,然后又慢悠悠地递给我;最后,你拿到文件夹之后,应该问我需要用哪些数据,然后快速找到相关页再给我,而你却什么也没有问,什么也没有做。现在,你该知道你为什么会落选了吧?"年轻人点点头,但他很不甘心,说道:"对不起,是我太忽略细节了。但是请您三思,我在管理方面和市场拓展方面，都有非常丰富的经验，我会给公司带来可观的利润的。""可是，我们需要的是各方面素质都很强的人才，而不只是在某方面突出的人才。北京人才齐齐，我们公司一定能找到最适合公司的人才，所以，很遗憾，请回吧。"副总经理坚决地说道。"我可以问您最后一个问题吗？请问您刚才说的'人才齐齐'是什么意思呢？"年轻人问道。"就是人才很多的意思啊，怎么啦？""您的意思是对的，但是，你的发音错了，应该是'人才济济'，而不是'人才齐齐'。"说完后，年轻人就离开了。

第二天，令年轻人意想不到的是，他竟然接到了那家公司的聘用电话。原来，年轻人指出了副总经理的错误，使副总经理觉得这个年轻人有一种非常难得的优点。

年轻人因为在取文件夹的过程中忽视了3个小细节，而被面试考官拒绝。但后来，年轻人因为指出考官的发音错误又被公司录取。对于这位年轻人来说，他先败在小细节，然后又成在小细节。所以说，一些不经意的小事、细节行为，都有可能会给自己带来不可估量的影响。

因象牙而亡国的故事以及年轻人面试的故事，都给我们敲响了警钟：职场中的一些小细节、小习惯正如那只"蝴蝶"一样，能够给我们带来难以估量的影响，即会改变事情的发展方向，进而改变我们的命运。所以，我们年轻人在职场中应该注意自己的每一个细节、每一种习惯，不可在栽跟头之后才追悔莫及，我们都应该善于抓住生命中的"蝴蝶"，才不至于被命运抛弃。

细节的力量是伟大的，但相应的，细节又是极易被人们忽视的，我们在职场中要做到对每一件事都细致入微、思虑周到并不是容易的事。注重细节的把握是一种功夫，这种功夫不是一朝一夕就可以掌握的，而是要在平时的生活中日积月累，慢慢锻炼出来的。习惯，在某些时候是一件可怕的事情,因为一旦养成某一种习惯就很难改变。好的习惯源于一个人对生活、对人生积极的态度,好的习惯也有助于成就一个人的辉煌人生。

小事成就大事,细节成就完美。那些职场中的成功人士,之所以能够成功,往往不是因为他们有什么过人之处,而是因为他们多注意了一些普通人忽视的细节问题,或是因为他们善于从平凡、琐碎的事情中参悟出成功的真谛。在此,以海尔集团总裁张瑞敏的一席话与君共勉:"什么是不简单?把每一件简单的事情做好就是不简单;什么是不平凡?把每一件平凡的事情做好就是不平凡。"

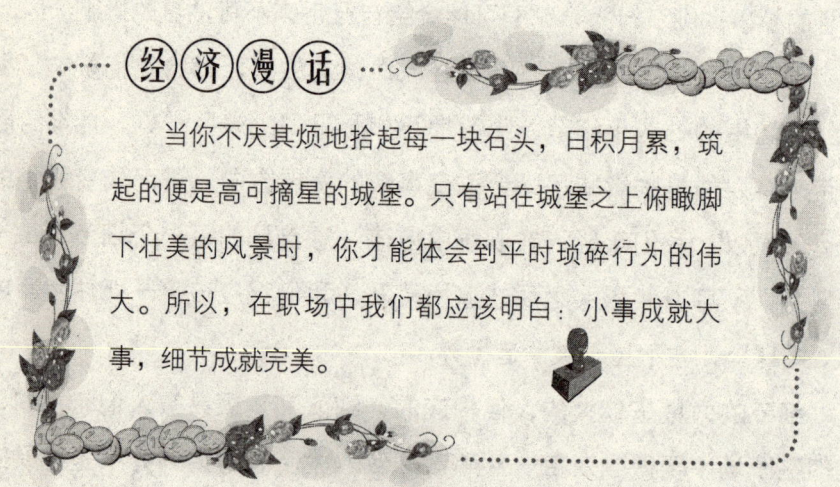

经济漫话

当你不厌其烦地拾起每一块石头,日积月累,筑起的便是高可摘星的城堡。只有站在城堡之上俯瞰脚下壮美的风景时,你才能体会到平时琐碎行为的伟大。所以,在职场中我们都应该明白:小事成就大事,细节成就完美。

蘑菇定律：新进职场总会备受冷落

无数的大学生在校期间都会对自己的未来有着一番憧憬。但是，现实总是残酷的。初入职场的年轻人，总是面对着与理想毫不相符的现状：自身得不到重视，工资达不到预期……总会让年轻人感到对社会的茫然与失落。

善于观察生活的人都知道，蘑菇一般生长在比较阴暗的地方，没有充足的光照，也得不到足够的养分，大多数是自生自灭。只有自己生长到足够高、足够强的时候才开始被人们发现、关注，而此时的它已经能够自己享受阳光了，可能也不再需要借由别处的营养来补充自己了。这种现象被人们称为"蘑菇效应"，推及职场，就引出了一个著名的"蘑菇定律"。

蘑菇定律，是由20世纪70年代美国的一批电脑程序员发现并提出的。他们发现，那些刚刚从学校毕业的年轻人，内心充满了理想与抱负，有自己的思想与个性，认为自己学富五车、才高八斗，认为自己无论在哪里都应该受到重视。但是，现实往往不会顺应这些年轻人的理想，甚至还会有悖于理想。因此当他们进入职场之后，往往会发现现实状况与自己的期待不相符，以致很难适应这种复杂的、令人窒息的工作环境。后来，这些电脑程序员经过进一步探索、研究，提出了"蘑菇定律"。

"蘑菇定律"，也叫"萌发定律"，是蘑菇生长必须要经历的过程，人的成长也一样要经历这样的过程。在经济学中，"蘑菇定律"就是企业或组织对待初出茅庐者的一种管理办法：刚入职场的年轻人往往会像蘑菇一样被置于阴暗的角落——放在不被重视的部门或者是跑腿打杂的工作；头上浇着大粪——无端的批评、指责，代人受过；只能自生自灭——得不到必要的指导与提携。

"蘑菇定律"被提出来的时候，正是电脑行业刚刚起步、发展缓慢且正面临种种困难的时候，所以那些从事电脑程序研发的人不但得不到别人的理解与重视，甚至其从事的工作还被其他行业的人质疑。于是，这些年轻的电脑程序员就这样激励自己：要像蘑菇一样生存下去。也就是说，他们对自己以及自己的工作充满信心，他们相信自己终有一天会像蘑菇一样，出人头地，拥有鲜花与掌声，得到别人的认可与赞赏。

虽然听起来，这种"蘑菇人生"充满了自嘲的意味，但仔细想想，人生何尝不是如此呢。不论是谁，即便是那些光鲜亮丽、事业有成的人士，在其成长的过程中，都会或多或少地经历不同程度的苦难与挫折，那些被苦难与挫折击倒的人，就只能忍受生活中的平庸；只有那些战胜苦难与挫折的人，才能够乘风破浪，突破重围，才能够拥抱鲜花与掌声。让我们一起来分享下面的一个小故事吧。

年轻人要知道的职场经济学

　　一天，所罗门王把一个小女孩带到一片稻田前，对她说："你不是想要我的礼物吗？我可以给你，但是你必须先帮我做一件事情：帮我把这片稻田里最大的稻穗选出来。"小女孩高兴地答应了，兴冲冲地就要开始挑选。所罗门王一把拉住她说："我还有一个条件，在你挑选稻穗的过程中，你只能向前走，不许停下来，不许后退，也不许左右转弯，明白了吗？记住，我要送你的礼物是跟稻穗的大小成正比的。"一段时间之后，小女孩从稻田里走了出来。但是她从所罗门王那里什么也没得到，因为她出来的时候两手空空，她总觉得一路走来看见的稻穗都太小了，总觉得在后面会有更大的稻穗在等着她。

　　在我们年轻人中有很多像这个小女孩一样的人，我们总是不切实际地将理想定得比天高。可是，一旦踏入社会、进入职场我们才发现，自己的年轻气盛、心高气傲会让自己处处碰壁，自己并没有得到理想中的青睐与重视，因此我们往往会冲动地"撂挑子"、辞职不干，往往会觉得"此处不留爷，自有留爷处"，认为在不久的将来总会有更好的工作在等着自己。就这样，浮浮沉沉地折腾了好几年，我们依然没有找到自己理想中的"好"工作。再看那些当年跟自己一起毕业的人，有些已经从普通职员晋升到主管甚至经理的位置，而只有自己还是浑浑噩噩，一事无成。

　　如果现在的你正处于"蘑菇"阶段，要怎样很好地度过这段"生长期"呢？你这颗小"蘑菇"要怎样才可以尽快长大，尽快引起别人的注意呢？可以从以下几个方面借鉴。

　　调整心态，积极面对。初入职场的年轻人，往往对未来有无限美好的憧憬，可是残酷的现实在很多时候总会给我们浇上一盆冷水，让我们的憧憬在现实面前变得不堪一击。其实，初涉职场的我们，对于职场的应对规则、工作单位的企业文化都不是十分了解，而且工作经

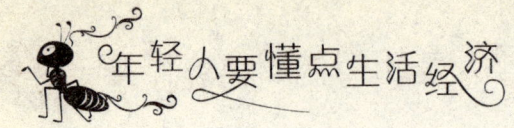

验也不是很充足,因此刚入职场的阶段,我们一般很难受到领导的重用。此时,就要求我们调整好自己的心态,静心、耐心、细心、专心地对待领导交代的每一件事情,积极乐观地面对生活和工作。

磨掉棱角,适应环境。从象牙塔踏入复杂的社会,我们或多或少都会有些不适应,不适应自身角色的转变,不适应与社会上形形色色的人打交道,这些都在所难免。这时,我们就应该让自己保持一颗低调的心,学会忍耐与承受,学会去适应周围复杂的社会环境。改变环境,很难;改变自己,却是一件轻而易举的事情。所以,我们无法让环境来适应我们,但我们可以将自己的棱角磨掉,尖刺拔掉,让自己变得像水一样柔和,从而去适应、迎合周边的环境。

少说多做,积累人脉。作为职场新人的我们,对于企业、同事都还不是很了解,所以在日常的工作中也好,与同事的相处也罢,我们都应该秉持"少说多做"的原则,少说点不切实际的话,多做些实在的事情;少去谈论一些东家长、西家短的是非,多倾听同事的心声,拉近彼此之间的距离。我们还要明白"内方外圆"的处世原则,"内方"即诚实、守信、谦虚,"外圆"即讲究与人相处的方式方法和技巧。记住,好的人缘会成为你日后事业成功的助推力。

勇于表现,肯定自己。作为"蘑菇",并不是要求我们一直默默无闻,认命地等待成熟期的到来。在"蘑菇"的成长期间,我们都要寻找机会,让自己迅速脱颖而出,毕竟现在社会是一个信息的时代,是一个"酒香也怕巷子深"的时代。我们都要提高认识社会和认识自己的能力,在踏实、努力的基础上将自己的闪光点实事求是地展现在同事、领导面前,让自己提前走出职业发展的"蘑菇期",真正寻找到自己事业发展的"春天"。

"蘑菇阶段"是每一个初入职场的人都会经历的过程,即便是比

尔·盖茨也不例外。"蘑菇阶段"是人生当中最漫长的磨炼，也是最为痛苦的磨炼。在这段磨炼期内，如果你能够调整好自己的心态，让自己很快地适应这个环境，并积极努力地工作，让自己在这段时间内积累到足够发展、完善自己的资源——能力、经验、人脉、技巧等，那么，你就能够很快地度过"蘑菇"的生长期。反之，如果你在此期间只是认命地、被动地接受别人给予的"阳光"与"肥料"，并且机械地消化吸收，那么你永远不会有长成的一天，而只能是一颗小小的、被人忽视的蘑菇。

蝴蝶，在成为美丽的蝴蝶之前，必须待在丑陋的蛹里，并且还得靠自己的努力，挣破蛹的束缚，经历这一切之后，它们才能够羽化成美丽而坚强的蝴蝶，才能够得到阳光的普照。我们年轻人也是一样，只有经过"蘑菇"岁月的磨炼，才有可能让自己的成长过程更加的丰富多彩，让自己的人生更接近辉煌。

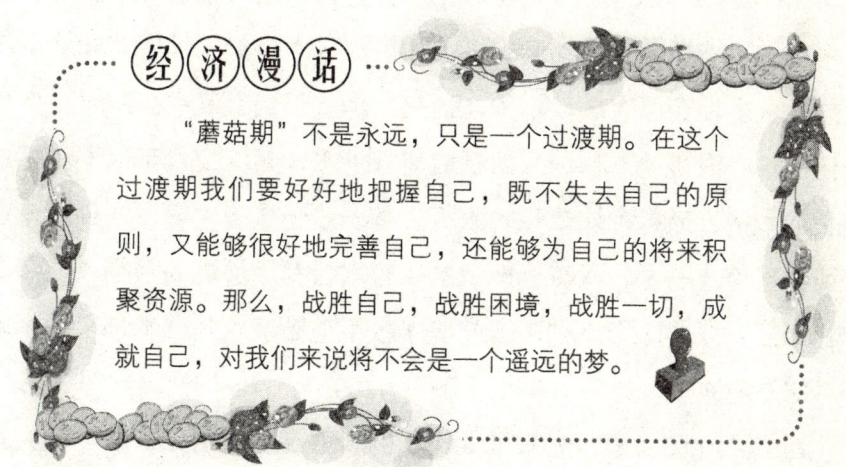

经济漫话

"蘑菇期"不是永远，只是一个过渡期。在这个过渡期我们要好好地把握自己，既不失去自己的原则，又能够很好地完善自己，还能够为自己的将来积聚资源。那么，战胜自己，战胜困境，战胜一切，成就自己，对我们来说将不会是一个遥远的梦。

木桶理论：是迷失还是强化

每个人都有自己的长处和短处。当我们在一个自己不是很擅长的领域，做着不是很得心应手的工作，得不到领导的重视与提携之时，我们是选择一直"默默无闻"、迷失在别人的光环之下，还是不断完善自己、寻求脱颖而出的机会？这里就涉及一个很著名的经济学理论——木桶理论。

"木桶理论"，又称"水桶原理"或"短板理论"，是由美国管理学家彼得提出来的。"木桶理论"，是指一只水桶要想盛满水，每块木板必须一样平齐且都无破损，如果这只木桶的木板中有一块不齐或是某块木板下面有破损，那么这只木桶就无法盛满水。所以，木桶理论的核心内容就是，一只木桶能盛多少水，起决定作用的不是那块最长的木板，而是那块最短的木板。基于这个核心内容，木桶理论还有两个推论：一是，只有桶壁上的所有木板都足够高，水桶才能装满水；二是，只要这个水桶中有一块木板不够高度，那么水桶里的水就不可能是满的。

对当今社会而言，"木桶理论"的价值在于说明，任何一个企业或是组织，都有可能面临同一个问题：构成整体的各个部分往往是优年轻人要知道的职场经济学

劣不齐、各不相同的，而劣势部分往往会决定整体的水平。形象一点来说，就好比泄洪的堤坝，决定一定时间段内泄洪量的不是最宽的部分，而是堤坝最窄的部分。

随着"木桶理论"被运用得越来越频繁，应用范围也越来越广泛，"木桶理论"已经由一个单纯的比喻上升到了经济理论的高度，其重要性也不言而喻。这个由多块木板组成的"水桶"，可以是一个企业，可以是一个组织，也可以只是一个人，而"水桶"的最大容量则象征着整体的竞争力以及整体水平。

经济学家往往将这个理论更多地运用到经济活动中，用来说明在经济活动中，最薄弱的环节往往会成为制约整体水平的"瓶颈"，甚至会对整体产生至关重要的影响。所以企业要想达到整体的最优、利益的最大，就必须在资源的优化配置方面下足工夫；要想实现资源的优化配置，就必须注重对薄弱环节的提高与优化。

在这个竞争日趋白热化的时代，越来越多的企业管理者也意识到，要想在残酷的竞争中站稳脚跟，就必须提高整体的竞争力量，而只要团体中有一个员工的能力很弱，就有可能影响整个团体的竞争力，进而影响整个团体预期达到的目标。"一颗老鼠屎坏了一锅粥"的现象是管理者的疏忽与大意，但也许就是这样一个小小的"疏忽"，往往会将企业推到无法翻身的绝地。因此，企业管理者在"煮粥"之前必须将"米"淘干净，万万不可让那一颗小小的"老鼠屎"毁了自己多年的经营。

睿智的管理者都知道，要想提高整个团队的整体能力，单单依靠公司的几个"明星人物"是远远不够的，更重要的是要注重对那些能够影响公司整体水平的"短木板"，即非明星员工的培训与提高。要知道，在一个企业或组织中，那些"明星"员工毕竟凤毛麟角，而绝

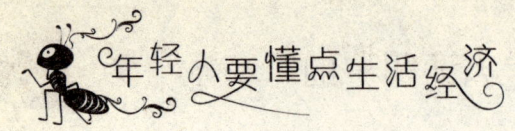

大多数还是那些非明星员工。虽然,"明星"员工的光芒很耀眼,但对占绝大多数的非明星员工的激励,产生的作用往往会具有更加明显的效果。

在华讯公司,曾经出现过这样的一个人,我们暂且称他为王某。起初王某工作业绩平平,与主管关系也不是很好,常常因为在工作过程中的一些想法被否定而忧心忡忡。某日,摩托罗拉公司需要从华讯公司借调一名技术人员去帮忙搞市场服务。华讯总经理在经过一番深思熟虑之后,决定派王某去。王某在接到通知之后,非常高兴,觉得终于遇到了一个让自己大展拳脚的机会。临出发,总经理对王某说:"你被借调出去工作,出了公司的大门,代表的既是公司,也是你个人。什么该做,什么不该做,不用我教你。如果你觉得吃力了,顶不住了,打个电话回来。"

一段时间之后,摩托罗拉公司的负责人打电话到华讯,总经理在接电话之前,心里还有些忐忑,担心王某是不是给公司抹黑了。但是那位负责人却说:"您派出来的人实在是太棒了!"总经理在松一口气的同时,还不忘继续为自己的公司打广告说"我还有更棒的"。在王某结束任务回公司之后,公司上上下下都对他另眼相看,王某自己也因此增添了许多自信。此后的许多年,王某为华讯公司的发展作出了很大的贡献。

从华讯的例子,我们可以看到:注重对"短木板"的激励,有助于"短木板"的成长,也有助于企业整体实力的提高。"木桶理论"的重要性,在很多的商业运作以及商业管理中都得到了印证,比如企业的人力资源管理、市场的营销与开发以及企业的生产能力等。事实上,对于"木桶理论"予以重视是十分必要的,但是如果过分强调"木桶理论",就会将自己的思维陷入到一种教条主义的框框中,从

而导致资源的浪费甚至是失败。那么,在这里就不得不提及另外一个与"木桶理论"相对的理论——杜拉克原则。

杜拉克是当代最受推崇的管理大师,他曾在《哈佛商业评论》撰文中指出:"精力、资源和时间,应该用于将一个能干的人变成一个出众的明星,而不是把注意力集中于将无能的做事者变成成绩平平的做事者。"在杜拉克看来,"从无能到中等水平所耗费的精力与劳动,远远超过从一流表现提高到卓越超群所需耗费的精力与劳动"。因此,人们不应该把努力浪费在改善能力低的人或技能这一方面,而是应该把努力放在使一个一流的人或技能变得更为卓越超群这一方面上。虽然,我们都不知道这两者之间的差距究竟有多大,但是在那些成功的企业经验中,这一论调很显然已经或正在得到管理者的一致认可。

"木桶理论"着眼于人的不足、缺点,而且千方百计地试图让人改正缺点、弥补不足。"木桶理论"在理论上是完全成立的,但在实际的生活中却很难得到实施。原因就在于,加高短木板所需的成本以及加高之后水桶的重量会增加,使得人们考虑的层面总会更多一些;但与此相对的就是一个很简单的方法,直接锯掉那些高出的木板,把大木桶截成小木桶,既保持了木桶的美观,又减轻了木桶的重量,同时还不影响木桶的容量,可谓一举多得。这也就是实际中的"木桶理论"。

而杜拉克原则关注的是人的优点、长处,强调把时间、精力等都用在发挥人的优长方面,并以此来消弭掉人的短处、缺点可能带来的影响,即所谓的"以己之长,避己之短"。从这个角度来看,我们每

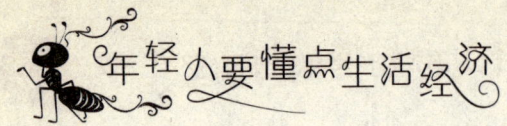

个人都是一样，与其将目光放在自己的短处、缺点上，不如将精力放在自己的长处、优点上，让别人看到的是自己的优长，从而忽视掉自己的短处。

对于个人来说，一个人的成就大小，就像木桶盛水的多少一样，往往不是取决于它的长处有多长，而是取决于它的短处有多短。一个人的长处只能表明他具有这方面的长处，并不能代表他在这方面就一定能够有很大的成就，而他的短处却能成为他整体成就大小的决定因素。在我们的实际生活当中，我们既要以"木桶理论"为考量，努力"加长"自己的"短板"，让自己趋近完美；又要考虑到杜拉克原则，努力发挥自己的长处，将别人的目光吸引到自己的优点上，让自己成为最耀眼的那一个！

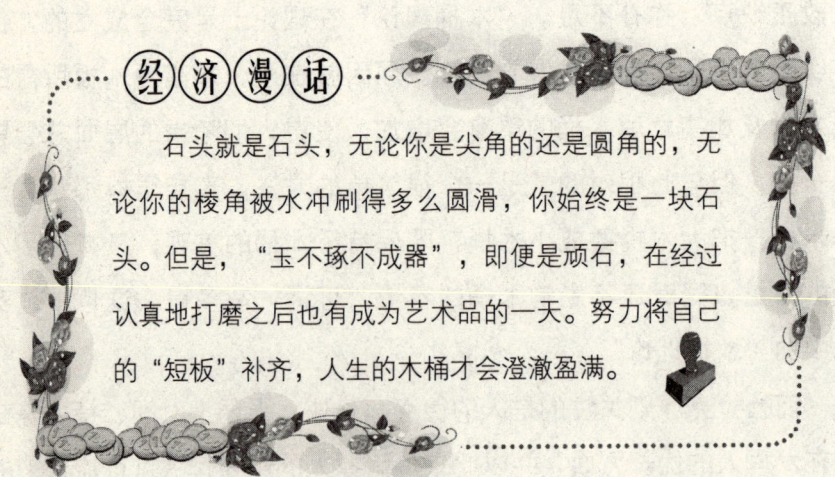

经济漫话

石头就是石头，无论你是尖角的还是圆角的，无论你的棱角被水冲刷得多么圆滑，你始终是一块石头。但是，"玉不琢不成器"，即便是顽石，在经过认真地打磨之后也有成为艺术品的一天。努力将自己的"短板"补齐，人生的木桶才会澄澈盈满。

二八法则：摆脱龙套，成为主角

  一个公司的员工，大致可以分为两类：一类是主角，一天不用干多少活；一类是龙套，整天忙忙碌碌。主角只有少数几人，比例约为20%；而龙套则占多数，比例约为80%。这就是一个公司内有关员工的"二八法则"。我们中很多人都想当主角，但却总是沦为龙套。若要摆脱龙套，我们应深谙"二八法则"。

  1897年，意大利经济学家维尔弗雷德·帕累托在对19世纪英格兰地区的财富和收益模式进行考察时，发现该地区大部分的财富都被少数人占有着，而且，一个种族占总人口的比值和他们所获得的总收益之间往往有一种十分微妙的关系。后来，他又对早期的英国以及其他国家进行研究，发现都有这样一种微妙的关系。经过不断研究和总结，帕累托终于发现：20%的人占有80%的社会财富，那么据此可以猜测，10%的人占有65%的社会财富，50%的社会财富则将由5%的人占有。在这些数字的列举中，百分比不是最重要的，重要的是社会财富在人口中的分配是不平衡的，而且这种不平衡是可以预测得到的。后来，人们将80/20当做财富分配不平衡的简称，再后来，人们习惯称之为"二八法则"。

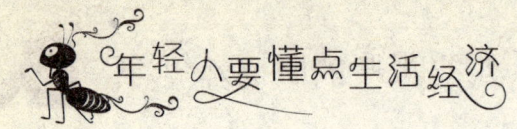

　　"二八法则"表达的不是一种非常精确的比例关系，一般是通过四舍五入法简化而来的，也就是说，"二八法则"表示的不一定是80:20，也可以是78:22，或是79.2:19.8什么的。

　　在自然界中，"二八法则"无处不在。如在空气中，氮气占78%，氧气及其他占22%，其比例为78:22；在一个面积为100的正方形中，其内切圆的面积为78.5，正方形其余部分的面积为21.5，其比例为78.5:21.5；在人体中，水占78%，其他物质占22%等。也许正因为这样，犹太民族才会将78:22当成他们的生存法则，当成他们成功致富的秘诀。

　　"二八法则"在经济、社会、生活中也有很多体现。例如，一个公司80%的利润是由20%的产品创造的；在股市，80%投资利润来自于20%的投资个股；在社会，20%的罪犯罪行占所有犯罪行为的比例为80%；一个国家中20%的人口，会消耗80%的医疗资源；20%的人集中了80%的智慧等。这些也就给了人们启示，即人们应尽量避免将过多的时间花在一些没有价值的事情上，而应将更多的时间花在有意义的、有价值的事情上，因为我们80%的时间只能产生20%的价值。

　　一位名叫威廉·穆尔的美国小伙子，通过自己的努力进入了格利登公司，做起了销售油漆的工作。公司给他第一个月的报酬仅为160美元，穆尔觉得太少了。后来有一天，他偶然在一本书中发现了犹太人经商的"二八法则"，他仔细研读了好几遍，然后拿出自己的销售图表，认真观察、分析起来。经过分析，他发现自己80%的收益来自20%的客户，而他过去对所有的客户都是平均用力的，他这才明白自己过去为什么总是会失败了。因此，他要求公司把他销售记录中最不积极配合的36位客户分派给其他销售员工，而自己则留下了最积极配合、最有希望的客户。结果，在接下来的一个月中，他竟赚到了1000美年轻人要知道的职场经济学

元,是他第一个月工资的6倍多。穆尔尝到了"二八法则"的甜头,并在此后几年中一直坚持运用这一法则,后来,他一跃成为凯利—穆尔油漆公司的CEO。

"二八法则"实质上是一种效率法则,它告诉我们要把时间、金钱等花在刀刃上,从而实现利益的最大化。而不是整天在烦琐的、没有重点的事情上忙忙碌碌,否则不但出不了多少成绩,而且影响自己的健康和心情,最后形成恶性循环,只能一辈子忙忙碌碌而又平庸无为了。

每个公司都存在"二八法则",80%的效益大多出在20%的员工身上,所以公司会特别器重这些员工,给他们最优质的资源,最丰厚的待遇。他们便成为公司的主角,成天看起来很轻松,而其他80%的员工,只能担当公司的龙套了,每天忙得晕头转向。

日本北海道大学农学研究生院的生物学家曾对三群日本黑蚁进行了观察,他们发现,约有80%的蚂蚁一直在忙碌着,如清理蚁穴垃圾、采集食物等,人们称它们为"勤劳蚂蚁";而其他20%的蚂蚁一天到晚几乎什么事都不干,人们称它们为"懒蚂蚁"。一段时间后,生物学家有意断绝了这三群蚂蚁的食物来源,并在20%的"懒蚂蚁"身上做了标志。结果发现,那些平时都很卖力、很勤快的蚂蚁这下变得十分懒了,都在原地歇着,一点动静都没有;而那些"懒蚂蚁"却开始忙活起来了,还带领众蚂蚁们向新寻找到的食源处前进。后来,生物学家将"懒蚂蚁"与"勤劳蚂蚁"隔离开来,发现这些"懒蚂蚁"中有80%的蚂蚁变得勤快起来,而仍有20%的蚂蚁十分懒惰,此外,它们原先所在的蚁群中所有的勤劳蚂蚁都停下了工作。接下来,生物学家又把原

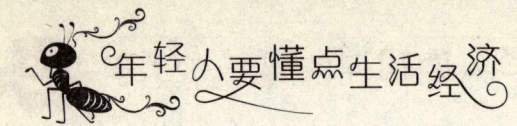

先抓走的"懒蚂蚁"放回去,蚁群又变得正常起来。

在蚁群中,80%的蚂蚁整天忙得不可开交,但它们在关键时刻却束手无策,什么事也干不了;而20%的"懒蚂蚁"虽然平时几乎不干活,但它们在关键时刻能够挺身而出,有效解决问题,在蚁群中起至关重要的作用,没有它们,整个蚁群就无法正常运作。因此,我们不难看出,20%的"懒蚂蚁"是蚁群的主角,80%的蚂蚁是蚁群的配角。这不正像我们人类的公司吗?

俗话说:"会者不忙,忙者不会。"会者为什么不忙?因为他们是一个公司、一个团体的主角,他们一般是用来解决关键性问题,而不是零星小事的;忙者不会,因为忙者是一个公司、一个团体的配角,他们只知道干些琐碎的事,但真正的本事没有多少。我们要做"会者",而不要做"忙者",我们要追求主角,而不要当龙套。

年轻的我们一定要重视"二八法则",并将它运用到我们的生活和工作中,充分发挥它的优势作用,让自己成为生活的强者,职场中的主角。在实际运用中,我们应抓住重点对象,进行有序地操作,把时间花在刀刃上。

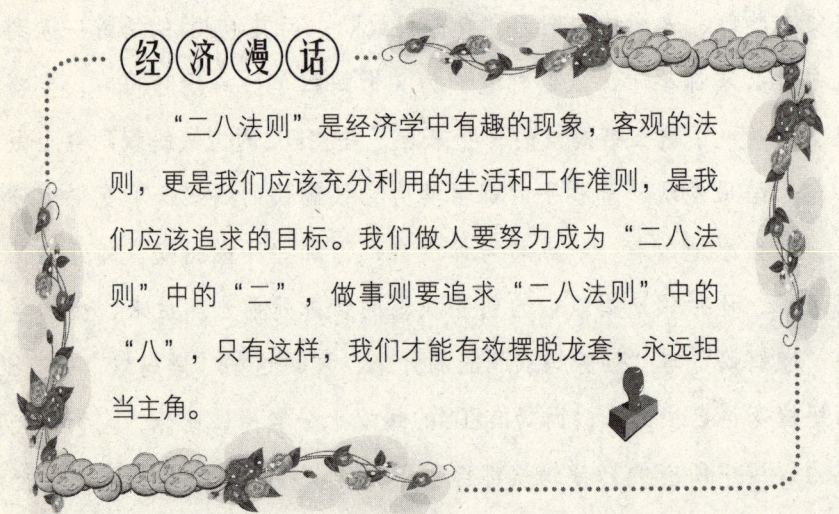

经济漫话

"二八法则"是经济学中有趣的现象,客观的法则,更是我们应该充分利用的生活和工作准则,是我们应该追求的目标。我们做人要努力成为"二八法则"中的"二",做事则要追求"二八法则"中的"八",只有这样,我们才能有效摆脱龙套,永远担当主角。

内卷化效应：拒绝原地踏步

有一位成功人士曾说道："每当我站在一个成功的顶峰时，我就反复提醒自己不能总在原地踏步、故步自封，所以我只能勇敢地再向前迈进。"成功人士如此，我们普通人又怎能原地踏步呢？如果保持原地踏步，便是陷入了经济学中的"内卷化效应"中。

数年前，中央电视台记者在陕北某高原偶然遇到一个放羊的小男孩，记者便开始采访起这个小男孩，于是，留下了以下经典对话。

"你为什么要放羊呢？"

"放羊是为了卖钱。"

"卖钱干什么呢？"

"卖钱娶媳妇。"

"娶媳妇干什么呢？"

"娶媳妇生孩子。"

"生孩子干什么呢？"

"生孩子放羊。"

陕北小男孩的回话形象地展现了"内卷化"状态。"内卷化"一

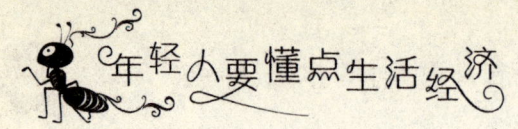

词是由美国人类文化学家利福德·盖尔茨提出来的，当时他在爪哇岛住过一阵，发现那里的原生态农业生产总是处于一种简单重复、没有进步的状态之中，他便把这种现象称为"内卷化"。

在职场经济学中，"内卷化"是一种十分常见的现象，主要指的是人们每天像机器似的不断工作，没有一点创新，几年下来，还是只能当个小职员。

我们很多年轻人都似乎陷入了"内卷化效应"中，虽然每天早出晚归，工作踏踏实实，但就是得不到领导的赏识，因而得不到升迁的机会，只能继续在当年的小职员位置上混着。

在2010年贺岁影片《财神到》中，杨千嬅饰演的徐杰是一位在一家地产发展公司工作的办公室女郎，她对工作认真踏实，对公司尽心尽责，可谓"火里火里烧，水里水里泡"。为了搞好人际关系，她对同事有求必应，买盒饭、义务帮忙加班等。但是，她从来都不曾抱怨过，因为她相信自己的所作所为会有回报。于是，她5年如一日，总是忙得像小蜜蜂似的，每周至少通宵5次，每天平均睡不到3小时，连打扮的时间都没有了，只能以一副邋遢的样子示人。她本以为这样就能得到领导赏识，但当升迁机会来临时，不承想自己垂涎已久的副总经理的职位被只在公司干了5天的富家女嘉璐莲抢去了。面对这样的不公，她开始抱怨起来，抱怨上司，抱怨这个世界，同时也变得绝望起来，觉得自己的前途十分渺茫。

徐杰的经历，我们中不少人肯定也有过。她到底为何只能在原职位而得不到升迁呢？主要原因是她对工作做得太过头了，不管是自己分内的事，还是分外的事，尤其是分外的事，她管得太多了，每天帮

同事买盒饭,经常为同事加班加到通宵,以致让自身价值大大贬值;忙得连形象都不顾,让别人瞧不起,所以她只会是别人成功的垫脚石。而成功对她来说,那等于是天上的星星,只能看着,想着,但就是摘不到。后来,在财神的帮助下,徐杰终于找回了自信和自尊,她不再盲目地、卑微地工作了,而是抓住重点,直奔公司业务主题,据理力争,很有干大事的气质。就这样,她最后当上了总经理,成功走出了"内卷化效应"。

容易陷入"内卷化"状态的人,一般有两种类型,一种是像徐杰那样的人,勤奋、踏实、能干,对人热情过了头,但这种人往往忽略了自己的精神气质,让自身的价值大大贬值。殊不知,一个人的精神气质对成功与否起着非常关键的作用。有人曾说:"只要你具备了精神气质的美,只要你有这样的自信,你就会拥有风度的自然之美。"是啊,拥有了风度的自然之美,我们便容易成功,而不会一直在原地打转。如果一个人毫无精神气质,形象糟糕,不自信,成天自怨自艾、怨天尤人,这样怎么会突破自我呢?就算他再努力,再拼命,也终究是徒劳,上司是不会买账的。所以,晋升对他来说永远都只是一个梦想而已。但是,只要他稍稍转变一下思想,改换一下方式,成功其实便会落住在他的隔壁等着他去敲门。

另外一种是像陕北小男孩那样的人,目光短浅、故步自封而又麻木不仁,没有多少水平却又不求上进,好像自己天生就是这样子的,也就应该这么活。在我们身边,这类人也不乏其数,他们每天按部就班,循规蹈矩,不做违背公司条例的事。由于表现平平甚至较差,他们不但得不到升迁的机会,而且还易面临被炒的危险。要知道,在当今社会,能力才是一个人成功的根本,有能力才有发言权。没有能力,即使因机缘巧合爬到了很高的职位,也会在瞬间被人拉下来。而

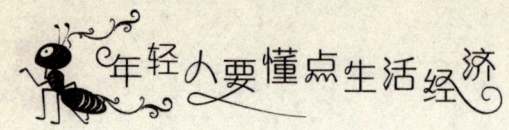

一个人能力的提高,是需要很长时间的,所以说,这种人要从"内卷化"状态中走出来是有较高难度的,不仅需要改变固有的认知和思想,还要经过长时间的知识和实践的积累。但"只要功夫深,铁杵磨成针",如果他们愿意改变,拒绝原地踏步,肯花时间学习,成功也是非常有可能的。

俗话说:"事在人为。"不管是哪种类型的人陷入了"内卷化"状态,只要他们转变了观念,并坚持朝自己的目标奋斗,充满自信,永不放弃,即使遇到再大再多的困难,也微笑着前进,那么他们就一定能和成功不期而遇。

美国励志电影《当幸福来敲门》中的男主人公克里斯·加纳德是一位非常聪明而且勤快的推销员,但由于当时美国经济正处于萧条时期,他推销的新型医疗仪器——骨密度扫描仪因价格昂贵而被各大医院拒之门外。所以不管他怎么努力,他都赚不了多少钱,也就改变不了生活现状。后来,妻子终于忍受不了生活的压力而毅然选择了离开。妻子的离去给了他很大打击,不过,令他欣慰的是,妻子留下了他生命中的至宝——5岁的儿子。此后,他便与儿子相依为命。可还没等克里斯从妻子离去的悲伤中走出来,命运之手再次给了他一掌,因为他的房子已经到期了,而他又没有足够的钱支付房租。没办法,克里斯只好带着儿子搬出去,睡在地铁站的公共厕所里。为了能给儿子一个稳定的住所,更为了改变自己的命运,他起早贪黑地寻找其他的工作,并总是保持着微笑,因为他相信自己一定能成功。然而,命运似乎总爱捉弄克里斯——他经过不懈的努力争取到的证券经纪人的工作竟然要经过六个月的不带薪水的实习期。可他没有放弃,因为他看好这份工作,他相信自己一定能获得高收入。所以,尽管没有经济来源,他依然能想出法子让自己渡过一道道难关,排队住教堂、卖血、

年轻人要知道的职场经济学

继续抽时间卖他那很难卖出去的扫描仪等，关键的是，他始终坚信：只要今天够努力，幸福明天就会来临。凭着自己不懈的努力和聪明才智，克里斯终于当上了证券经纪人，后来还创办了自己的证券公司，实现了自己人生的飞跃。

信心改变命运，观念决定出路。只要我们有了上进的信心，有了正确的观念，命运是绝不会亏待我们的。但是，当我们已经获得成功后，我们仍应继续努力，向更高的方向发展，千万不可在原地踏步，否则，安逸会消磨掉我们的精神和意志，我们也会很容易滑向低处。

年轻的我们，一切才刚刚开始，精彩的世界还等着我们去发掘，缤纷的人生还等着我们去经营，所以，把目光放远些，坚信自己，不断地突破自我，而不要陷入"内卷化效应"中。

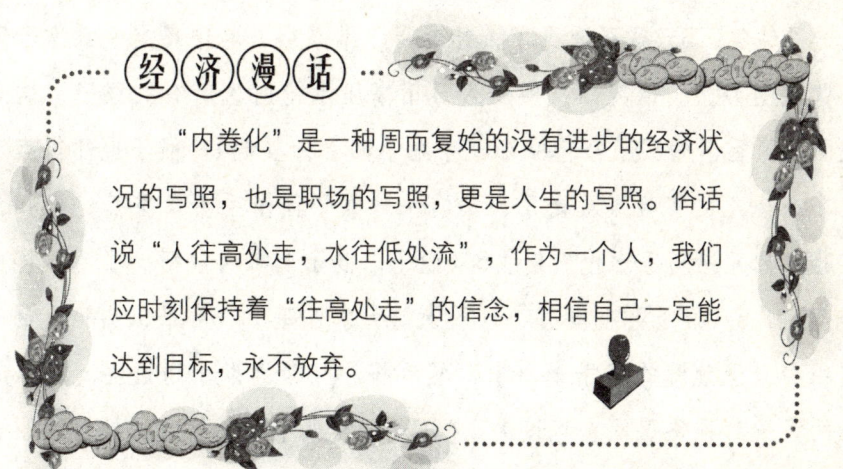

经济漫话

"内卷化"是一种周而复始的没有进步的经济状况的写照，也是职场的写照，更是人生的写照。俗话说"人往高处走，水往低处流"，作为一个人，我们应时刻保持着"往高处走"的信念，相信自己一定能达到目标，永不放弃。

路径依赖：打破惯性，重新选择

我们很多年轻人任劳任怨地在平凡的岗位上拼搏，时间久了，不免会对自己的工作感到厌倦，但我们却又迟迟不肯改变现状，而依然固守在原阵地不动。这是典型的"路径依赖"现象。为了更好的发展，我们应打破这种思想上的惯性，重新作出选择。

在一个大铁笼子里，关着5只猴子。一天，实验人员将一串香蕉放进了铁笼，5只猴子看见了，都变得非常兴奋，其中还有一只猴子用手臂试图去抓。但突然，实验人员用高压水枪射击所有的猴子，这只试图去抓香蕉的猴子吓得立即把手缩了回去，其他4只猴子也吓得直哆嗦。一会儿，实验人员走了，又有一只猴子伸出手去拿香蕉，谁知，实验人员又持高压水枪来射击5只猴子，猴子们再次被吓倒了。这样反复几次，5只猴子再也没有一只敢上前去拿香蕉了。后来，实验人员将其中一只湿漉漉的猴子拿出来，然后将一只新的猴子送进去。这只新来的猴子看见香蕉就直奔过去，4只猴子看见了，不约而同地过去阻止这只猴子，以免连累大家一起受水枪的攻击。此后，实验人员陆续将新猴子放进去，换出原先集体被水枪射击过的猴子。最后，大铁笼子

里全部都是新的猴子,这5只新猴子一个个都很老实,都不敢去拿自己平时最爱吃的香蕉。

刚开始的时候,5只猴子因为被高压水枪反复射击后,都不敢去拿香蕉,这是合情合理的,后来,5只新猴子虽然谁也没有被水枪射击过,但它们却固守着老猴子"不许拿香蕉"的命令,这便是经济学中的"路径依赖"。

首次明确提出"路径依赖"理论的是美国经济学家道格拉斯·诺斯。诺斯用"路径依赖"阐述了经济制度的演变规律,从而在1993年获得了诺贝尔经济学奖。在诺斯看来,"路径依赖"犹如物理学中的"惯性",主体一旦介入某一种路径,便会沿着这种路径走下去,不管这条路径是正确的还是错误的。如果是正确的路径,则会对一个公司或企业起到正反馈的作用,从而使公司或企业的发展进入良性循环的状态中;如果是错误的路径,则会对一个公司或企业起到负反馈的作用,从而使公司或企业发展进入恶性循环的状态中,最后容易导致生产停滞,而且解决起来也将非常困难。

"路径依赖"既可以起到正反馈作用,又可以起到负反馈作用,为了个人乃至公司的发展,我们应在选择人生道路之时,找到一条正确的路径,这条路径将大大促进我们的发展。你知道戴尔公司为什么能在短短的时间内成为世界最著名的公司之一吗?因为戴尔公司有两大法宝,即"直接销售模式"和"市场细分方式",而这两大法宝不是凭空而来的,而是来源于戴尔的CEO迈克尔·戴尔小时候的两段经历。

少年时期的戴尔酷爱集邮,但为了省钱,他有时会在拍卖会上卖邮票。可有一天,他决定不再拍卖邮票了,而是说服一个也很爱集邮的邻居将邮票委托给他,然后再在相关刊物上刊登卖邮票的广告。最后,戴尔竟然赚到了2 000美元。戴尔高兴极了,他顿时觉得抛弃中

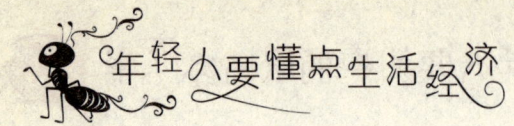

间人,直接销售的方式是非常有效率的。所以,戴尔便记住了这种销售方式。

上初中了,戴尔便开始做电脑生意。他一般是先买来电脑零部件,然后进行组装,再将其卖掉。在此过程中,戴尔发现,一台IBM(国际商业机器公司)个人电脑的售价为3000美元,而其零部件只需六七百美元。再加上当时大部分电脑运营商并不大懂电脑技术,也就不能为消费者提供技术支持,更不要说按照消费者的需要提供合适的电脑了。所以,戴尔做了个决定:抛弃中间商,自己改装电脑,这样既可以形成价格上的优势,还能形成良好品质和技术服务上的优势,同时也能根据顾客的需要提供功能不同的电脑。

这便是小时候的戴尔悟出的两大经营法宝:"直接销售"和"市场细分",其具体内容为:按照消费者的需求设计并制造出不同功能的产品,然后在尽可能短的时间内把产品直接送到消费者手中。此后,戴尔将该生产、销售模式一直延续下去,所以,戴尔公司的销量及名气日益上升,以致在2002年《财富》杂志全球500强中名列第131名。这便是典型的"路径依赖"的正反馈效应。

在我们身边,"路径依赖"的现象数不胜数,主要包括风俗习惯、生活习惯和生产规格等。例如,千百年来,每逢端午节,我们中国人要赛龙舟、吃粽子,在门前挂艾叶菖蒲,在手上挂五色丝线等。又如,有的人习惯早睡早起,而有的人喜欢晚睡晚起等;再如,航天飞机助推器的宽度竟然是由两匹马的屁股宽度决定的。因为航天飞机的助推器造好后要用火车从工厂运送到发射点,运送途中要经过一些隧道,这些隧道的宽度比火车轨道宽一点。而火车轨道的宽度是由建电车的人设计的,其宽度正好为电车的轮距标准;电车的发明人以前是造马车的,所以电车轮距的标准沿用的是马车的轮距标准;而马车

年轻人要知道的职场经济学

的轮距标准参考的是古罗马军队战车的宽度；古罗马战车的宽度又是由一辆战车的两匹马的屁股宽度决定的。

　　再把目光转向我们每天奔波的职场：我们很多年轻人一旦从事了某项工作，便会慢慢习惯这种工作状态及其环境，并形成固定的工作方法和模式。因此，我们大多数人不想频繁更换工作，以免又要投入很多的时间和精力来适应一切。如果突然被迫换了一个工作或是工作方法，我们会备感不适，还常常对过去的工作状态、环境及其方法念念不忘。这是十分不理智的，将严重阻碍我们的发展。因此，我们应打破惯性，跳出这不正确的"路径依赖"效应，然后选择一条正确的路径，继续发展下去。

　　年轻的你如果对现在的工作感到不满却每天仍在坚持工作，不妨停下自己的脚步，重新审视自己的专长，看看自己到底适合干什么，然后再去选择最适合自己的工作，坚持到底。

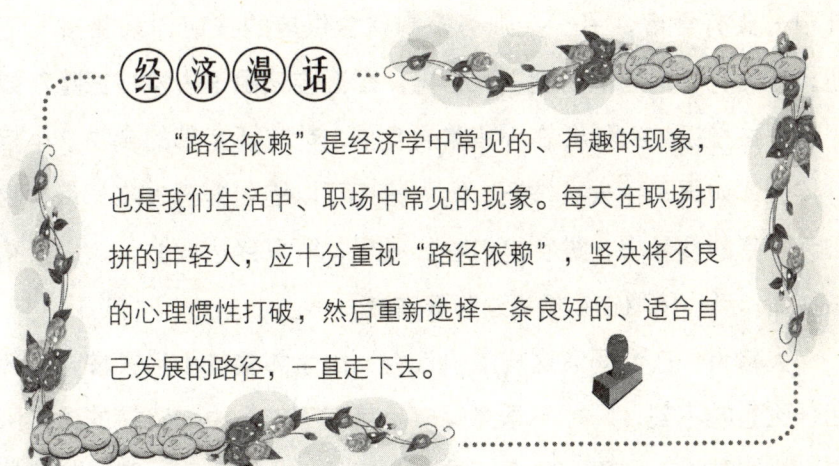

经济漫话

　　"路径依赖"是经济学中常见的、有趣的现象，也是我们生活中、职场中常见的现象。每天在职场打拼的年轻人，应十分重视"路径依赖"，坚决将不良的心理惯性打破，然后重新选择一条良好的、适合自己发展的路径，一直走下去。

智猪博弈：你是大猪，还是小猪

在《三国演义》"草船借箭"的故事中，曹操大肆动用人力、物力，结果不但没有达到半点目的，还损失了数以万计的箭，真是吃力不讨好！而诸葛亮呢，凭借其智谋，不费吹灰之力，便捡了个大便宜。这反映的其实是经济学中著名的"智猪博弈"。

猪圈里有两头猪，一头大猪，一头小猪。猪圈的两头隔得很远，其中一头有食槽，另一头则有控制猪食供应的按钮，只要按一下按钮，就会有一定量的猪食进入槽内。那么应该由谁去按按钮呢？如果小猪去按按钮，大猪会在小猪跑到食槽之前吃掉全部的食物，小猪只好挨饿；如果大猪去按按钮，则大猪还可以跑到食槽去吃一点食物，因为小猪的食量小，进食也较慢。最后，两只猪达成协议，由大猪去按按钮，而小猪则在食槽旁边等着进食。

大猪为什么会同意这样的协议呢？因为如果要小猪去按，小猪最后什么也吃不到，它才不乐意呢。小猪若不按，由大猪按的话，则小猪可坐享其成；如果大猪也不按，小猪什么也吃不到，和小猪不按的结果是一样的。所以，经过权衡，小猪坚决不按按钮。而大猪呢？如

年轻人要知道的职场经济学

果它不按,那它也只有挨饿了。所以大猪只有选择按,因为它要消耗比小猪更多的热量,如果它去按了,自己还能吃上点食物,总比不按要好。

这就是著名的"智猪博弈"。在我们职场中,也常常出现这种现象。多数人甘愿做"大猪",不知疲倦地奔波着,只为了赚取每月应得的工资。而少数人却选择了做"小猪",舒舒服服地享受"大猪"提供的"美食"。

小金是一家民营企业某部门的经理助理,但他每天都比他的属下还要忙,所以每天下班后,小金总是要打电话给铁哥们,向他们抱怨自己工作实在太累了,一个人要干好几个人的活。原来,小金所在的部门是这家公司最核心的部门,因此工作繁多。经理总是不断地向小金发号施令,小金本可以要下属去完成的,但他的下属有的比他的年纪大、资历深,小金害怕得罪他们;有的学识实在不怎么样,小金担心他们完成不好,到头来还是要自己重新做。所以,每当经理安排任务,小金总是把最容易完成的分给下属干,而自己则包揽了所有复杂的任务。这样一来,小金总是要干好几个人的活。久而久之,董事长、其他部门的经理以及同事都认为小金简直是个全才,什么事都能做好。因此,后来董事长常常直接给小金派发任务,而不经过经理那关。其他部门的经理和同事也常常找小金帮忙完成工作,不管小金有多忙。于是,小金一上班就开始马不停蹄地工作,他简直成了个机器。而他的经理,则总是舒舒服服地半躺在办公椅上打电话,也不知为的是公事还是私事。至于其他的下属,则更离谱,整天不是聊QQ,就是玩游戏,甚至还看电影。到了年终,由于小金所在的部门业绩相当不错,董事长给他们发了好几万元奖金,小金和其他同事一样,只拿到了1万元,而经理却拿到了2万元。小金的心理十分不平衡:"凭什么别人不用怎么干活就可以拿到那么多奖金？我累死累活的有什么用？不是白干了吗？"但是小金又转念一想："要是我不干，就没有人能干好了。到时就没有什么业绩，也就拿不到奖金了。"想来想去，小金还是认命了，继续担任"大猪"的角色。

我们很多人都像小金一样，每天都不辞辛苦地持续工作，结果所得总是和付出不成正比。我们也不是没有想过办法，改变现实的生存困境，但是现实又逼得我们没有办法，只好继续当"大猪"。其实，观念决定出路，只要我们真的愿意改变，我们是可以摆脱"大猪"命运的。我们再来看另一个事例，"小猪"的事例。

子聪和他的名字一样，非常的聪明。更令人羡慕的是，他工作起来似乎一点都不累，但年年却被加薪、晋升，最后还当上了总经理。他还很纳闷，为什么很多人下班后就要向亲朋好友诉苦，说自己工作如何如何累？一天，他的一位每天累死累活的表弟来向他取经，他轻松地说道："首先，你应该好好为自己规划一下职业生涯，制定出明确的人生目标、工作目标，这是十分重要的，它是你工作的方向、工作的动力；其次，你应该学会思考，自己怎样才能将工作最快、最好地完成；再次，你应该经常和上级领导沟通，让领导发现你的才能，而不要做背后的'隐形劳模'；第四，你应该充满自信，相信自己是最棒的，相信自己能够取得成功……"子聪的一席话，使他的表弟受益匪浅。

看来，当"小猪"其实也不难，关键在于自己如何去想，如何去做。中国成语有"事倍功半"和"事半功倍"之说，选择当"大猪"，便选择了"事倍功半"；选择当"小猪"，即选择了"事半功

年轻人要知道的职场经济学

倍"。你是大猪，还是小猪？年轻人应好好地想想这个问题。如果是大猪的话，你愿不愿意改当小猪呢？答案是不言而喻的，没有哪个人愿意当吃力不讨好的"大猪"。

但是，在职场中，职位是有限的，不可能每个人都去当"小猪"，而且如果没有"大猪"，一个企业就难以存活。所以，我们也不要一味地追求当"小猪"，因为如果没有能够跟随的"大猪"，我们也就失去了发展的基础。如果我们甘愿当"大猪"，则不要把全部的事情都包揽在身上，而应留一点给"小猪"。

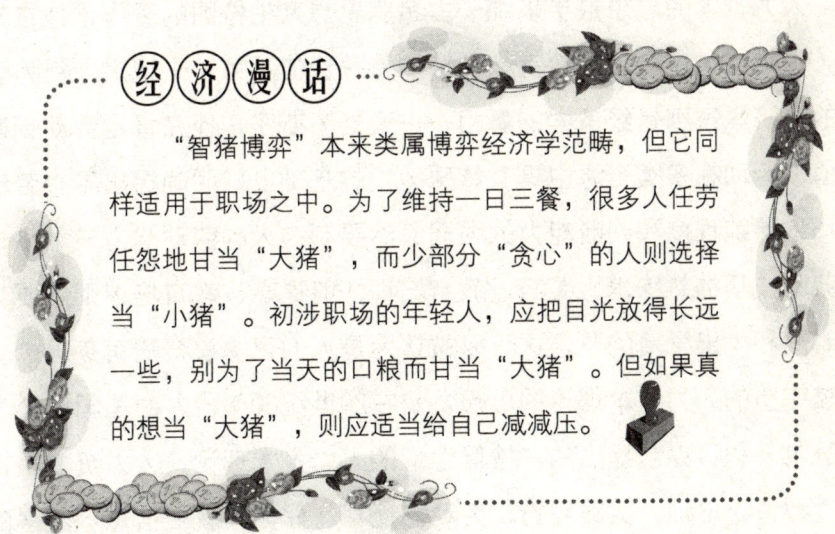

经济漫话

"智猪博弈"本来类属博弈经济学范畴，但它同样适用于职场之中。为了维持一日三餐，很多人任劳任怨地甘当"大猪"，而少部分"贪心"的人则选择当"小猪"。初涉职场的年轻人，应把目光放得长远一些，别为了当天的口粮而甘当"大猪"。但如果真的想当"大猪"，则应适当给自己减减压。

人力资本：你知道自己的价值吗

21世纪什么最重要？答案毋庸置疑：人才。那么，紧接着，我们又会发现另一个问题：人才是怎样形成的呢？我们要如何才能让自己拥有更多的资本，让自己跻身"人才"的行列？而这种"资本"就是现代经济学中所谓的人力资本。

人力资本的思想最早来源于古希腊思想家柏拉图的著作，他在其作《理想国》中论述了教育和训练的特殊价值。第一个把人力视为资本的经济学家则是经济学的鼻祖——亚当·斯密，他在肯定劳动创造价值、劳动在各类资源中具有特殊地位的基础上，明确提出了"劳动技巧的熟练程度和判断能力的强弱必然要制约人的劳动能力与水平，而劳动技巧的熟练水平要经过教育培训才能提高，教育培训则是要花费时间和付出学费的"，这可以被认为是人力资本投资的萌芽思想。比较完整的人力资本理论的思想，是在20世纪60年代，由美国经济学家舒尔茨和贝克尔提出的。按照他们的人力资本理论，人力资本是指通过教育、培训、实践经验、劳动力迁移、保健、就业信息等获得的凝结在劳动者身上的技能、学识、健康状况和水平的总和，也称为"非物力资本"。由于这种知识与技能可能为其所有者带来工资等收

年轻人要知道的职场经济学

益，因而形成了一种特定的资本——人力资本。

人力资本，相对于物质、货币等其他硬资本来说，具有更为广阔的增值空间，特别是在当今的知识经济初期，人力资本的增值潜力是非常大的。其原因就在于，人力资本是一种"活资本"，具有创新性、创造性，具有有效配置资源、调整企业发展战略等市场应变能力。对人力资本进行投资，对GDP的增长会有更大的贡献。

1950年，已是世界著名科学家的钱学森，毅然地放弃在美国已经拥有的一切，准备回国。但是，美国国防部却以莫须有的罪名扣留了他，之后美国司法部签署逮捕令，钱学森因此失去了自由。当得知钱学森要回中国的时候，美国司法部曾接到这样的命令："无论如何都不能让钱学森离开美国！""宁可毙了他，也不要放他回国！"为什么？因为"他太重要了！他一个人可以顶五个师"，所以，钱学森及夫人在美国被扣留长达五年之后，才得以辗转回国，而他一回国，就对我国"两弹一星"的成功起到了至关重要的作用。这就是人才的重要性。人才，所释放的能量是一般的人或者是其他形式的资本所无法比拟的。

由此我们可以看出，人力资本的积累及增加对一个国家或地区的经济增长和社会发展的贡献远比物质资本、劳动力数量增加等要重要得多，发达国家尤为明显。以美国为例，1990年美国的人均社会总财富约为42.1万美元，其中人力资本就有24.8万美元，其比例超过了人均社会总财富的一半。其他发达国家如日本、德国、加拿大的人均人力资本分别为45.8万美元、31.5万美元、15.5万美元。

对一个国家或地区的企业来说，人力资本也是非常重要的，它对一个企业的经济增长和规模发展起非常重大的影响。全美最受尊崇的GE公司（爱迪生通用电气公司）CEO杰克·韦尔奇自1981年入主GE以

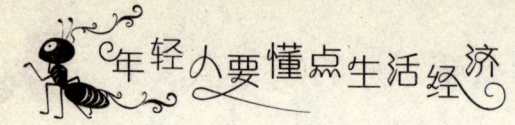

来，便通过一系列的人力资本竞争和管理变革，大大提高了生产效率，有力激活了GE这个百年老企业，使GE的年收入迅速增长，到2001年，其收入已达到1 259亿美元，名列全国财富500强中的第9名，成为全球最具竞争力的跨国公司之一。再如，联想创始人柳传志于1984年以20万元人民币作为启动资金进行创业，不到十年，20万元资本便被滚成了数十亿元，其根本原因也在于人力资本的大力投入。

因此，在当今时代，一个企业要想取得发展，屹立于企业之林，是离不开人力资本的。也正因为如此，很多企业都将人力资本作为企业的活水之源。看看一些我们很熟悉的公司是如何看待人力资本的吧。

松下："松下电器是制造人才的公司。"

微软："优秀人才是企业的生命。"

惠普："人才就是资本。"

摩托罗拉："人是最珍贵的资源。"

三星："人才是企业的上帝。"

这些企业都将人才视为珍宝，因为人才对一个企业的发展至关重要。李嘉诚说："人才是世界上所有宝贵的资本中最宝贵、最有决定意义的资本。"比尔·盖茨说："如果把我们最优秀的20名员工拿走，我可以说微软将变成一个无足轻重的公司。"IBM董事长兼总裁沃森说："你可以接收我的工厂，烧掉我的厂房，然而只要留下我的人，我就可以重建IBM。"

既然人力资本对一个国家或地区，对一个企业这么重要，我们年轻人就应树立人力资本的思想，重视人力资本。想想我们都有哪些资本呢？我们年轻、健康、朝气蓬勃；我们愿意积极地投入社会、投入工作；我们敢为人先，不怕困难……但这只是年轻人的共性，是年轻人优越于中老年人的特性，还远远不能构成一个人的价值，一个人的资本。我们都应扪心自问一下："我的价值有多高，够不够资格称为人力资本。"如果不够格，我们就应全面提升自身的专业素质和实践能力，不断发掘自身的潜力，找到适合自己的发展平台，朝"人才"的目标奋斗，努力成为企业竞相争取的人力资本。

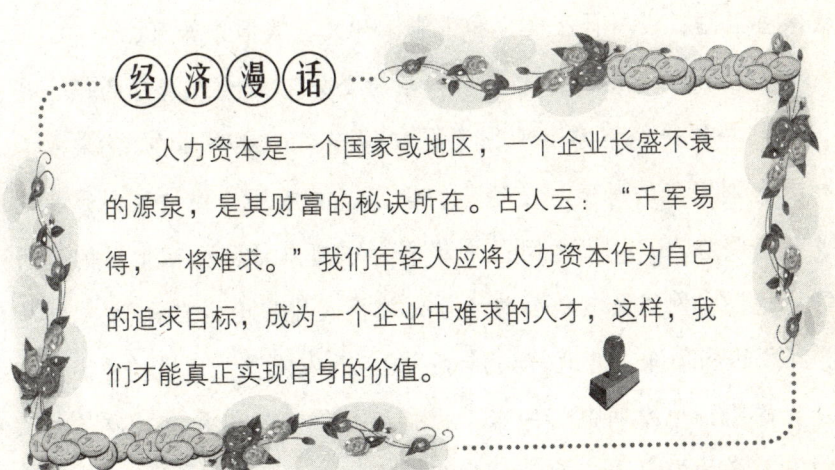

经济漫话

人力资本是一个国家或地区，一个企业长盛不衰的源泉，是其财富的秘诀所在。古人云："千军易得，一将难求。"我们年轻人应将人力资本作为自己的追求目标，成为一个企业中难求的人才，这样，我们才能真正实现自身的价值。

注意力经济学：在职场如何推销自己

美国管理学家赫伯特·西蒙说："随着信息的发展，有价值的不再是信息，而是注意力。硬通货不再是美元，而是关注。"这句话说明在经济学中，注意力的含金量非常高。因此，穿梭于职场中的我们也应重视注意力的作用，适时推销自己。

近年来，重庆的一名女孩在网上迅速走红。她其貌不扬，甚至可以说有些丑陋；没有什么文化和才能，却又喜欢信口开河。

她发出近乎苛刻的征婚传单：学历必须为北大或清华的硕士毕业生，而且必须是经济学专业，还要本硕连读；身高要在1.8米左右，长相要有刘德华的帅气、任达华的性感、立威廉的俊俏和谢霆锋的冷酷；年龄要在25~28岁之间；户籍要为东部户籍，西南地区的不予考虑等。她还在网络及其他公共场合大放雷人的言论，自称9岁起博览群书，20岁达到顶峰，智商前300年后300年无人能及，还说"爱因斯坦绝对没我聪明，他发明电灯的嘛"、"姐长得丑，但是有气质"、"我现在有很多的爱慕者，我觉得我变得更完美，也是在对爱慕者和我的粉丝们负责"等。同时，她还高调参加"中国达人秀"海选表演，就

算被一位男观众用鸡蛋砸了头,她也能微笑着说:"他也许是因为被我拒绝过吧!"后来,她还从网络红人转型进入演艺圈。

有人说,这个女孩是一个怪物,一个疯子,一个有病的人,她不自量力,令人可笑。但是,她却从一位极为平凡的女孩迅速成为红极一时的名人,吸引着无数眼球,这是不可否认的。无疑,这个女孩非常善于炒作自己,她无师自通了一门学问——"注意力经济学",并将该学问发挥到了极致。

注意力经济是当今信息时代的一种新经济。"注意力经济"这一概念是由美国的迈克尔·戈德海伯正式提出的,他在一篇名为《注意力购买者》的文章中明确指出,目前任何有关信息经济的说法都是不大妥当的,因为根据经济学的理论,信息经济应该是以如何利用稀缺资源为研究的主要课题的。而对于信息社会中的稀缺资源,戈德海伯认为:"当今社会是一个信息极大丰富甚至泛滥的社会,而互联网的出现,加快了这一进程,信息非但不是稀缺资源,相反是过剩的。而相对于过剩的信息,只有一种资源是稀缺的,那就是人们的注意力。"

注意力具有强大的作用。经济学家高德哈巴曾说:"如果你有大量的注意力,你就是某种类型的明星。""如果你获得一个人所有的注意力,你就可以让他做你所要做的一切。如果全球是一个注意力经济,那么生产物质产品或获取其他资源,你只要付出你的注意力就可以。这样,如果有足够的注意力,你就可以得到任何你想要的东西;如果你没有足够的注意力,你的选择权和可供选择的东西就会受到限制。"

在致力于经济发展的现代社会,注意力已经成为一种重要的经济资源,而且还是一种稀缺资源,具有非常高的商业价值。因此,很多商家往往利用各种手段,如媒介、广告、模特等,以吸引人们的注意

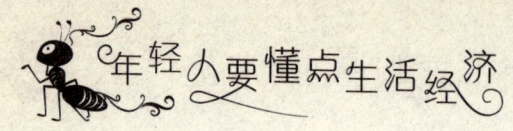

力,从而在更短的时间内获得更高的利润。

在职场中,注意力也是一种十分重要的资源。如果你获得了领导、同事的注意力,你的人气就会大增,你的才能就会被发现,这样你就很容易得到重用。美国钢铁大王安德鲁·卡内基之所以会有今天的成就,有一个很重要的原因是他在很小的时候受过"注意力经济学"的教育。

一天,小卡内基在放学回家的路上,看见旁边的工地上有一个领导模样的人正站在高高的地方指挥着一群人工作。卡内基觉得这个人很了不起,便上前问道:"您好,先生。请问我应该怎么做才会变得像您一样伟大呢?"这位领导认真地回答说:"嗯,好,小朋友你听着:第一,要勤奋;第二,要穿一件红色的衣服!"卡内基听到第二点,觉得很奇怪,便瞪大眼睛问道:"为什么要穿红色的衣服呢?这和成功有什么关系?难道红色的衣服可以给我带来好运气?"领导笑着说:"是啊,你很聪明嘛,红色的衣服确实能给你带来好运。但这不是最关键的原因。"然后,他指了指一群正在努力干活的工人,说:"你看我手下的这群工人,他们都穿着蓝色的衣服,从远处看去,他们一点区别都没有。而你再看那边那个工人,只有他一人穿了红色的衣服,正因为这样我才注意到了他,通过一段时间的观察及沟通,我发现他还蛮有才能的,所以我正打算提升他当小组长呢!"卡内基点了点头,从此便记住了这位领导说的话。

在职场中,我们应善于表达自己,让领导及同事发现自己的能力,自己的才华,让他们时刻注意到你,这样,领导有什么重任便会首先想到你,你也会因此变得越来越有能力,越来越成功,也就越来越受众人关注,这样就形成了一个良性循环,你的自身便能得到不断地发展。

那么我们应如何运用好"注意力经济"来推销自己呢?我们可以

试试以下的办法。

讲究包装。一件商品若有好的包装便能很快卖出去，同样，一个人若有好的包装，也会很快吸引别人。美国一位博士曾说："一个人给人的初步影响力，几乎永远是视觉上的。在我们真正了解一个人之前，我们是在第一眼看到他时，便形成了对他的看法。如果他的样子顺眼，我们就会在他身上寻找其他好的特质；如果他的样子不讨人喜欢，我们会倾向于探求他不良的特质。"所以，我们要学会包装自己，使领导对自己有一种"耳目一新"的特别的感觉，这样，我们便赚足了领导的眼光。当然，包装要适度，不能太过头，否则会令人感到奇怪，甚至令人生厌。

力求完美。虽说"没有最好，只有更好"，但不论你干什么事情，你都应该严格要求自己，试图做到最好，力求完美。事情一旦做了，就应该做得漂亮，做得精彩，这样领导才能欣赏你，记住你，等日后有好的项目也就会首先想到你。如果你干的所有事情都平淡无奇，吸引不了领导的注意，你就难有发展的机会了，一辈子都只能平平凡凡了。

毛遂自荐。有人曾有这样的想法："默默认真做事，总有一天会得到领导赏识的。"这种想法不能说不对，因为它是谦卑的表现。但是，在实行规模运作的现代经济社会，一个领导至少要管理几十名员工，你如果总是默默无闻，不毛遂自荐，领导在众多员工中怎么会发现你的能力呢？所以，你应该主动找领导，让领导知道你的能力、你的特长，这样，领导才会对你形成非常不错的印象。

注意力已成为当今社会一种不可或缺的重要经济。初涉职场的年

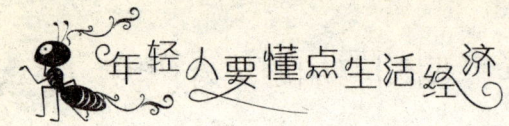

轻人应高度重视注意力，勇于向领导推销自己，让自己在职场中走得更顺更好。

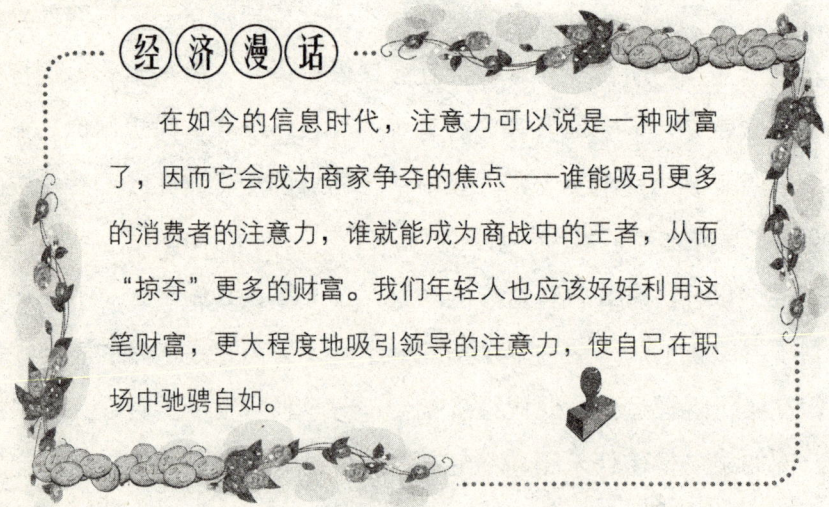

经济漫话

在如今的信息时代，注意力可以说是一种财富了，因而它会成为商家争夺的焦点——谁能吸引更多的消费者的注意力，谁就能成为商战中的王者，从而"掠夺"更多的财富。我们年轻人也应该好好利用这笔财富，更大程度地吸引领导的注意力，使自己在职场中驰骋自如。

第 5 章
Chapter Five

年轻人需学点创业经济学

很多年轻人都想出来单干，想创出自己的企业。但创业的道路是漫长的，更是艰辛的。我们年轻，有创业的首要资本，但光年轻还远远不够，我们还得有资金，更重要的是要有运营的经济头脑。

年轻，我们创业的资本

俞敏洪认为，人的一生如果不创一次业，将会是一件遗憾的事情。创业是什么？创业，简单来讲，就是运用自己的大脑，加上自己的劳动，去创造人生的第一笔财富，然后再用一笔笔财富去创造另一笔笔财富的过程。在这个过程中，资本是必不可少的，而年轻，就是我们最大的资本。

人的一生都是有限的，而年轻更是生命过程中很短的一个阶段。一个人能否利用有限的生命以及有限生命中的年轻这个资本，为自己书写辉煌，关键在于这个人对理想的坚持，对信念的追求如何。步入中年甚至老年的人都会说，什么样的年龄都会拥有什么样的美丽，其实，这不过是对自己青春不在的一种自我安慰。年轻，是一种买不来的优势，是无法打造的翩翩优雅。

年轻的时候，我们笑靥如花，吁气如兰；年轻的时候，我们心高气傲，斗志昂扬。年轻的我们，怀揣着激情与梦想，敢拼、敢闯，总想着能够成就自己的一番事业，自己创业当老板，不再寄人篱下，不再任人差遣。激情与梦想，才华与智慧，斗志与胆识，都是我们年轻人所独有的优势，也因此，很多的年轻人始终认定"毕业就创业"

年轻人需学点创业经济学

的想法，或是辞掉自己原本稳定却平淡的工作，毅然地投身到创业的浪潮中。然而，现实是残酷的，在无数的前赴后继的创业者中，能够真正成功的总是寥寥无几，而大多数年轻人则不得不被创业的浪潮淹没，乃至最终铩羽而归。也正如俞敏洪所说："请大家不要一毕业就创业，除非你是比尔·盖茨。"

创业是一个过程，一个让自己学会思考，学会与社会相处的过程。但是，创业也是一件艰难而残酷的事情，1%的成功者是从99%的失败者身上跨过去的。为什么比尔·盖茨、李彦宏、俞敏洪会成功，而大多数年轻人却只能成为那失败的99%中的一员？原因就在于创业不同于就业，并不是一件容易的事情，而且创业不是简单说说就可以的，是需要有充分的准备做基础的。机会是留给那些有准备的人的，成功也青睐那些作足准备的人。如果只有满腔斗志与热情，在创业之前没有作充足的准备，那么，你的所谓创业注定只会以失败告终。

创业是什么？创业到底需要什么？很多年轻人并没有完全明白何谓创业，只是依靠自己的胆识与激情，盲目地投入到创业的行列中，等到失败的时候才感叹自己当初准备得不充分，感叹自己的冲动。在准备创业之前，无论是从主观思想上还是从客观条件上，都必须要有充足的准备。如果你在创业之前能够去请教经济学家，或是那些创业成功的人士，他们的建议或经验也许能给你指明方向，那么你在创业的道路上也许可以少走些弯路。

创业的心理准备。初入社会的年轻人，有胆识，有冲劲，这些是我们的优势，但也恰恰是因为年轻，我们冲动、盲目，这是我们的劣势，同时我们往往也会因为思虑不周而追悔莫及，因此在创业之前我们要认真思考、反复评估，考虑成熟了再付诸行动。此时，作好充足的心理准备是很必要的，我们要好好思考以下问题：你为什么要创

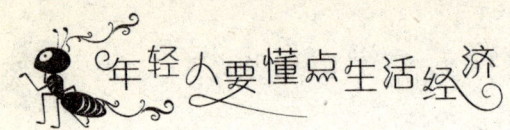

业？你有足够的决心来承担风险吗？你是否具备创业者应有的素质与能力？你创业成功的核心资源优势是什么？你具备创业的哪个条件：足够的资本？充足的行业经验？丰富的客户资源？良好的商业运作能力？与竞争对手相比你有哪些明显的优势？你是否有足够的耐心与耐力度过创业期的消耗？诸如此类的问题，在你创业之初一定要认真地思考清楚，如果你还没有做好充足的心理准备，那么就不要轻易地投入到创业的行列之中。

　　创业的资源准备。众所周知，打仗如果没有兵器就必败无疑。创业也是一场硬仗，资源就犹如兵器，如果资源不足，创业成功的概率就会降低很多。但从客观上讲，拥有完全充分的资源也是一件不可能的事情，这就给年轻人提了一个醒，要善于利用自己的已有资源，让有限的资源使利益最大化。通常情况下，资源的具备要符合两个条件：一是要有进入一个行业最起码的资源，二是具备差异性资源。如果这两个条件均不具备，创业也就类似于天方夜谭，成功的概率也会被降到很小。创业的资源主要包括以下几个方面：财务资源——是否有足够的启动资金；业务资源——以怎样的模式赚钱；客户资源——业务主要面对何种人群；技术资源——凭什么赢得客户的信赖；经营管理资源——经营能力如何；人力资源——是否有专业的人才。以上资源，并不是要求创业者完全具备，但是最起码要具备其中一些重要资源，其他次要的资源可以通过市场化的方式来获得。

　　创业的时间成本。年轻，是人的一生当中相对短暂的过程。因为年轻，我们有韧性与张力，对于社会，我们从无奈的顺从变为主动的选择。创业，也就成为许多年轻人怀揣梦想，追寻越来越丰富的生活方式和越来越扩张的生活空间的一种手段。人的年龄，就像是一条单行道，永远无法转弯走回头路。年轻，是一种资本，是我们最大的成

年轻人需学点创业经济学

本。年轻的时候，我们有梦想，有激情，有规划，有勇气，我们可以为了心中的那份蓝图勇敢地投身到创业的浪潮中。也许会有挫折，也许会失败，但我们因为还年轻，失败了也可以重新再来，所以年轻就是我们最大的资本。但是，年轻也是一种难以再来的沉没成本，由不得我们肆意挥霍、任意重来，当我们已过"而立"，正是"不惑"，即将"知天命"的时候，即便拥有信心与梦想，也很难再有充足的勇气去步入创业的行列中，因为那个时候的我们不再拥有青春的资本，也不再拥有青春的魄力。太多的人不敢倾尽一切无法放手一搏，只因为承担不起输掉一切的代价。

2007年11月7日，全国首场"80后创业投资大会"如期举行，这是一场创业者的聚会，却也是一场特殊的聚会——他们的主角十分特殊。他们一个个学生模样，眉宇间依稀可见当年的稚气，表情却是一丝不苟，他们嘴里侃侃而谈的都是上百万元、上千万元的项目！蓝海天使资本的管理合伙人陈豪，就是这样一个特殊的80后。

陈豪出生在一个传统的浙商家庭，从小就跟着父母走南闯北。高考过后，他就为自己制订了大学规划：大一完成四六级英语考试，大二进行社会实践，大三创业，大四走进社会。计划是完美的，但在实施的过程中却遇到了许多的阻碍，他摆过地摊，做过手机卡促销，卖过二手书。由于盲目且力量单薄，他很难走上成功之路。直到后来，陈豪遇上了蓝海创投的CEO杨沛，两人一番彻夜恳谈之后，陈豪发现创业就是自己最热衷的事业，做天使投资是自己最擅长的商业模式，于是他毅然加入蓝海创投，为其他创业者和投资人牵线搭桥。

在蓝海天使资本的团队里，有一个60后，两个70后，再加上陈

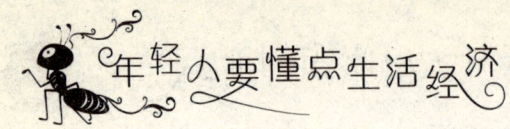

豪这个80后，几乎可以说是相当完美了。当记者问起80后创业投资有什么优势的时候，陈豪笑称："我们最大的优势就是年轻，我们有激情。我们对于新鲜事物、新型商业模式的接受度更强，我们本身就是80后，是未来的消费大军，我们可以站在消费者的角度考虑问题。此外，我们都是年轻人，彼此之间的沟通更容易。"

当今社会，大学生就业成为一个十分严酷的现实，而创业就是在这样严酷的局面之下被提了出来。创业，不是一场比赛，不是一次活动，而是一项长期的工作。就业艰难，创业更不容易，但就是因为创业的不易，因为创业需要我们付出更为巨大的成本，当我们获得收益的时候才会感觉到更加有荣耀感。在创业之前，只要做好充足的心理准备与资源筹备，我们也可以成为像俞敏洪、陈豪那样成功的人，通过创业来实现自己的人生理想，成就自己辉煌的人生。即便选择错误，我们依然还有重新选择的机会；即便失败了，我们依然还有重新开始的可能，因为我们还年轻。年轻，就是我们最大的资本。

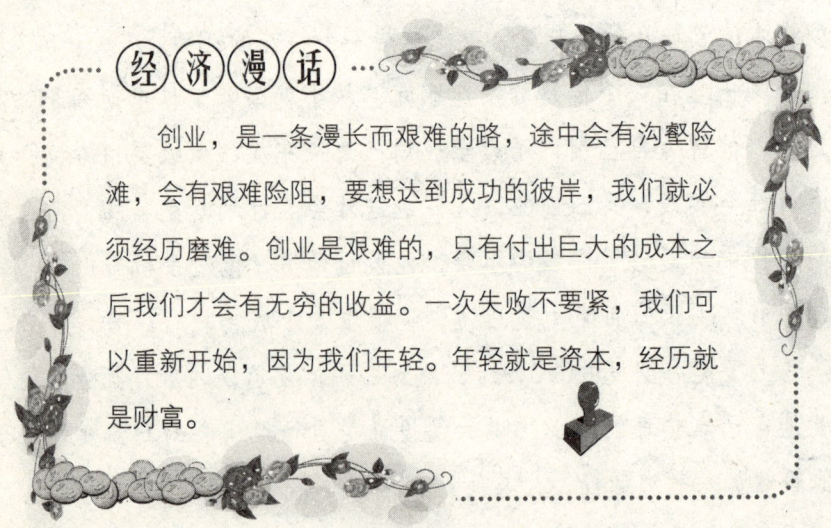

经济漫话

创业，是一条漫长而艰难的路，途中会有沟壑险滩，会有艰难险阻，要想达到成功的彼岸，我们就必须经历磨难。创业是艰难的，只有付出巨大的成本之后我们才会有无穷的收益。一次失败不要紧，我们可以重新开始，因为我们年轻。年轻就是资本，经历就是财富。

天使基金：资金不会是你创业的阻碍

　　当今社会，就业难成为社会上一个很难改变的现实，于是越来越多的年轻人将目光转向了创业市场，自己做老板，追求财务的自由。创业是一个艰难的过程，需要做足充分的准备，付出巨大的成本，还要经历一定的风险。值得一提的是，在创业之初要多方考虑，一定不要让资金成为你创业的掣肘之力。

　　当你怀揣着满腔的梦想与激情，制订了完美的理财规划，组织了一支出色的团队，准备大展拳脚，在创业的浪潮中实现自己的抱负时，却发现自己没有资金来源。尽管你的创意十分完美，尽管你的蓝图十分完善，如果没有人愿意对你进行投资，你的一切规划与蓝图就只能是一堆废纸，没有实现的可能，你的一切努力也就只能白费。"万事俱备，只欠东风"是一种惋惜，在这里，为你介绍一种创业的助推器——天使基金，别让资金成为你的"东风"，成为你创业的阻碍。

　　所谓"天使基金"，就是专门投资于企业种子期、初创期的一种风险投资。因为它的作用主要是对萌芽中的中小企业提供"种子基金"，是面目最慈祥的风险资金，它意在帮助企业脱离苦海、摆脱死亡的危险,因此会取"天使"这样神圣而崇高的名字。

美国有十分发达的风险投资市场,但是绝大部分投资于种子期的资金,并非来自于美国的风险投资市场,而是来自于被称为"创业天使"的天使投资者。一般情况下,"天使基金"更加青睐于那些具有高成长性的科技型项目,其收益率普遍在50倍以上,有的甚至超过万倍。不过,需要重点指出的是,某些"天使基金"用的是自己的存款,而并非来自于机构和他人,从这个意义上讲,他们也大多是资本市场里腰缠万贯的慈善家。

美国的天使投资拥有很长的历史,因而"天使基金"在美国也最为发达。当今的许多商业巨头,如贝尔电话公司、福特汽车等都曾从天使投资那里获得过启动的资金。1874年,贝尔作为天使投资者投资并创建了贝尔科技,造就了如今庞大的电信帝国;1903年,亨利·福特从天使投资那里获得了40 000美元的投资,造就了如今庞大的汽车王国。在如今的很多商业神话中,天使投资成功的案例屡见不鲜,苹果电脑、亚马逊网络等国际知名公司最初的启动资金都来自"天使基金"。

苹果电脑的创始人乔布斯,他的一生可以说是一部传奇,而他的激情、努力以及成功也成为许多创业者模仿的对象。乔布斯一生的传奇可以说是始于1971年,始于一位改变他人生的朋友——苹果计算机的发明人、时年21岁的斯蒂夫·沃兹尼亚克。沃兹尼亚克是一位计算机天才,而乔布斯极富商业远见,二人一拍即合,成为莫逆之交。1976年,二人伙同另外一位朋友罗·韦恩,在乔布斯养父的车库中组成了日后足以改变计算机界的"苹果计算机公司"。

年轻人需学点创业经济学

创业一个月之后，为了实现三人雄心勃勃的市场计划，他们需要去寻求投资，尤其是在他们做出了AppleⅡ原型机之后。乔布斯向当地的计算机商店推销自己的产品，店主保罗·泰瑞尔表示愿意订购50部已完全装配好的计算机。乔布斯当时并没有足够的财力，但他仍极力争取订单。为筹备资金，他除了出售掉自己的私人物件外，还到大型电子零件分销商订购零件。三人夜以继日地装配及测试计算机，终于在期限之前将这批AppleⅠ计算机如期交货。这批计算机的零售价为666.6美元，为苹果赚取了首笔创业资金。

但是让他们失望的是AppleⅠ带来的收入仅能维持它的生产，而AppleⅡ的制作成本又要花费数百美元，他们没有充足的资金将理想变为现实。1976年8月乔布斯结识了已经退休的风险投资家麦克·马库拉，这对于苹果，对于乔布斯来说，都是一个重要的转折。马库拉注资9.2万美元以及与乔布斯联署25万美元的银行贷款，为苹果注入了充足的资本，也正是有了这笔风险投资，才有了今天耀眼夺目的"苹果"。

对于创业者来说，能否快速、高效地筹集到充足的资金，是进行创业的企业能否在市场站稳脚跟的关键。寻找资金，其困难的程度不亚于创业的艰难。单纯地拥有一个好的创意并不代表能够让风险投资者信任，要获得风险投资，最重要的就是让他们相信这是一个有足够发展前景的项目，并且有一批优秀经营者以及技术人才来保证此项目的成功实施。就目前的国内市场来看，创业者融资的渠道相对较为单一，主要依靠银行等金融机构，其实，风险投资、民间资本、创业融资、融资租赁等都是不错的创业融资渠道。

风险投资。风险投资（venture capital）被认为是创业者的"维生素C"，而其英文缩写就是VC，与维生素C的简称如出一辙，而从作用

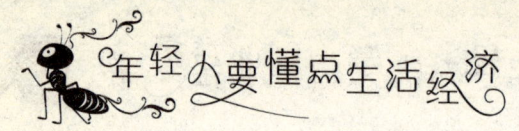

上来看,两者也有异曲同工之妙,都是提供"营养"的。广义的风险投资泛指一切具有高风险、高潜在收益的投资,狭义的风险投资则指以高新技术为基础,生产与经营技术密集型产品的投资。在接触风险投资时,在充分了解风险投资人的投资标准或要求之后,创业者要对自身是否符合这些要求进行客观的评估,然后拟一份详细的商业计划书,就融资项目的可行性、先进性、市场状况预测、经营团队构成以及利润预计等作详细的陈述,以吸引风险投资人的目光。

天使投资。天使投资是自由投资者或非正式风险投资机构,对仍处于构思状态的小型初创企业进行的一次性的前期投资。天使投资其实是风险投资的一种,但又有较大的区别:天使投资是一种非组织化的创业投资形式,其资金大多来源于民间资本,而不是那些专业的风险投资商;天使投资的门槛较低,有时即便只是一个创业构思,只要其有充足的发展潜力,一样能够获得资金的支持。"天使投资人"通常是创业企业家的亲朋或商业伙伴,他们对于该创业者的创意与能力往往深信不疑。"天使"这个词指的是企业家的第一批投资人,这些投资人往往在公司产品和业务成型之前就会把资金投入进来。

创新基金。近年来,我国政府越来越多地关注一些科技型中小企业的发展,这些处于创业初期的企业在融资方面所面临的迫切要求与融资困难的矛盾,也是政府致力解决的重要问题。根据我国科技型中小企业发展的特点和资本市场的现状,由国务院牵头,中央财政拨款建立并启动了创新基金,以帮助中小企业解决融资困难的状况。创新基金也越来越多地成为科技型中小企业融资的"营养餐"。

典当融资。银行贷款虽然可以为创业者解决资金难题,但是银行毕竟还是有一定的手续以及门槛的,对于一些急需资金的创业企业来说,他们也许等不及银行一道一道的手续审批,而是选择以典当来迅

速完成融资过程。典当可以在较短时间内为融资者解决资金的问题，因此越来越多地受到创业企业的青睐。

创业，需要的是一种不满足于现状的冲劲以及意念支撑着的持续执行。假如你对目前的工作状态不是十分满意，假如你有精明的头脑以及良好的经营能力，假如你想通过努力改变自己的人生，不妨拿着你制订好的完善的商业计划去申请天使基金吧，获得强有力的资金支持，你才可以将你理想中的蓝图变成现实。

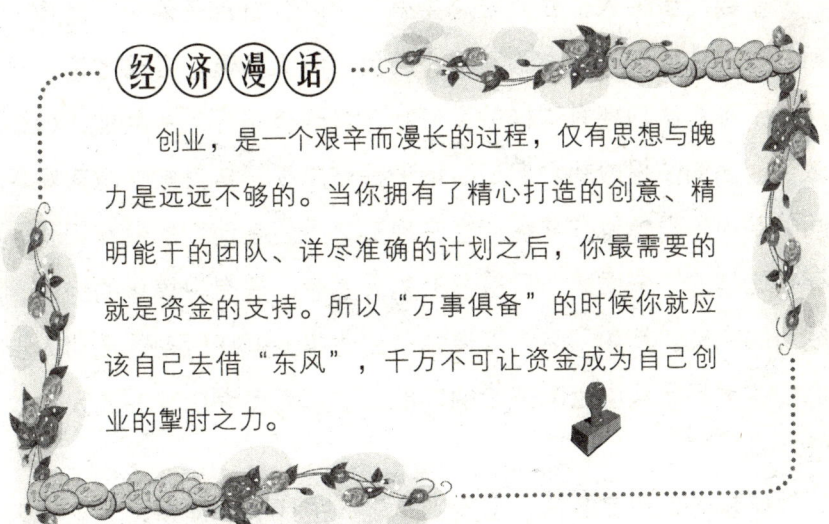

经济漫话

创业，是一个艰辛而漫长的过程，仅有思想与魄力是远远不够的。当你拥有了精心打造的创意、精明能干的团队、详尽准确的计划之后，你最需要的就是资金的支持。所以"万事俱备"的时候你就应该自己去借"东风"，千万不可让资金成为自己创业的掣肘之力。

积小成大：如何从小生意中赚大钱

"不积跬步，无以至千里；不积小流，无以成江海。"做人要从低处开始，从一点一滴做起。赚钱也一样，如果你没有比尔·盖茨或李嘉诚的身家，那么就不妨踏踏实实地从小生意开始，只要经营得当，小生意也可赚大钱。

大多数的年轻人，在心里总会有一个梦：自己开公司当老板，不用朝九晚五按点上下班，不用看人脸色、听人差遣，自己主宰自己的一切。不可否认，拥有这样的豪情壮志是现代年轻人的共性，他们满怀激情，他们梦想成功。但是，他们往往忽视了自身条件与客观现实之间的差距，理想也往往被架空在现实之上。在他们的潜意识里，总会存在这样的一个误区：只有显赫的大生意，只有规模化的经济，才是成功的定义。其实不然，即便那些到达事业巅峰时期的成功人士，他们往往也都是从小生意开始的，他们的起点也许比现在的大多数人更低。

怀揣梦想，拥有激情，是当下年轻人的优势。但是，也正是因为年轻，年轻气盛、好高骛远也成为年轻人抹不掉的劣势。他们满怀雄心壮志，毅然投身到创业的浪潮中，他们看不起那些不起眼的、赚钱

年轻人需学点创业经济学

少的小生意,而把目光都集中在那些辉煌的、热门的大生意上。在他们看来,小生意没前途,只有大生意才能实现自己的抱负,成就自己的梦想。实际上,只要有精明的头脑,良好的经营管理能力,以及对市场敏锐的洞察力,小生意往往也能孕育巨大的商机。

"一碗小吃,19.8平方米的店铺,150米长的街面,5年里促成了10余名下岗职工成为百万富翁,甚至千万富翁。"这不是夸大其词的广告宣传,也不是危言耸听的奇闻逸事,这是实实在在发生在武汉户部巷里老百姓自主创业的真实故事,是户部巷的武昌区中华路上撰写的一部小生意创大业的传奇。

在户部巷,一家小吃店有一幅这样的题词:"红白两案,糊粉稀饭;勤劳致富,一年十万。"这是央视《百家讲坛》主讲《水浒传》的著名评书表演艺术家何祚欢专门为"徐嫂糊汤粉"店题的词,究竟小吃店有什么名堂,竟请得起如此有名的艺术家来免费题词呢?

"徐嫂糊汤粉"的老板徐绍娴曾经是下岗职工,也曾经几次创业折本,生活的艰难还曾让她动念跳楼。总之,一个40多岁的女人,经历了人生中最为艰难的困境。但她最终还是挺了过来,她对自己说:"总要挺直腰板,扛过去!"生活的磨难没有把她压垮,反而让她更加坚强地面对一切。经过中华路委员会的再就业培训指导,她跑遍整个武汉市区到处学做糊汤粉,没多久,她在自家门口支起了小摊"徐嫂糊汤粉"。刚开始做的时候,味道并不好,生意也不好,是老邻居们给她提意见,指导她怎样才可以做出正宗的糊汤粉的味道。一年年地起早贪黑,一次次地改良配方,"徐嫂糊汤粉"终于站稳了脚跟,出了名。徐绍娴不仅还清了所有的债务,还开了几家分店,吸纳下岗职工和城市务工者近30人。

40岁之前是下岗工人,40岁突然变穷人,40岁之后变百万富翁。

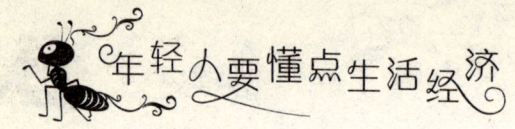

徐绍娴用自己的头脑、热情与敬业精神,将自己的人生轨迹全部改写。

由此我们可以看到,小生意并不一定会是永远的"小",小生意经营得好,才能为自己积累足够的资本去做更大的事业,去追求更大的成功。在这里,"足够的资本"中的"资本"并不仅仅是指资金,它还包括经营管理能力、客户资源、对市场形势的分析能力等。小生意是大事业的基础,只有小生意做得好,才有足够的资本去成就大事业。小生意中往往也会孕育大的商机。如果你有足够清醒的头脑,在经营小生意的时候,就不会一味地得过且过,而是会从小生意中挖掘出大客户,为成就自己以后的大事业积累人脉、积累资源。

经济学上讲"规模经济","规模经济"就是指在一定的科技水平下,伴随企业规模的扩大而出现的生产能力的扩大,使得长期平均成本下降,即长期费用曲线呈下降趋势。这也是大多数年轻人总是把目光放在创业企业规模上的原因。企业规模指的是生产的批量,具体有两种情况:一种是生产设备条件不变,即生产能力不变情况下的生产批量变化;另一种是生产设备条件改变,即生产能力变化时的生产批量变化。规模经济概念中的"规模"指的是后种情况,即伴随生产能力扩大而出现的生产批量的扩大,而"经济"则含有节省、效益、好处的意思。

但是,需要注意的是,规模效应并不代表企业的规模越大越好。要知道,规模经济一般界定为初时阶段,厂商由于扩大生产规模而使得经济效益提高,假如生产扩张到一定规模以后,厂商继续扩大生产规模,就会导致经济效益的下降,就会出现"规模不经济"。"规模不经济"的出现,是由于随着企业生产规模的扩大,企业的内部结构也在扩大而变得更加复杂,这种复杂性会消耗内部资源,使得规模扩

年轻人需学点创业经济学

大本应带来的边际效益逐渐下降，甚至跌破零、成为负值。

对于任何一名创业者而言，他们都希望把自己的事业做大、做好，成为颇具影响力的大企业。但是对于初入社会的年轻的创业者来说，社会经验不足、经营能力不够、资金准备不充分等弊端总会成为创业过程中的阻碍。这时候，年轻人就更应该明白"千里之行始于足下"、"欲速则不达"的道理，认清自己的客观现状。万丈高楼平地起，创业就像盖楼，只有将地基打稳，楼体才会坚固、安全，如果一开始就志在建空中楼阁，那么楼会倒塌也是在所难免的。创业之初的小生意就好像是打地基，年轻人只有在小生意中积累资源、锻炼自己，才有可能将自己的事业做大、做强。即便会失败，损失也不会很大，大不了从头再来，总好过做没有任何基础的大事业。

如何从小生意中赚大钱，我们可以从以下几个方面考虑。

巧占市场盲点。小生意者如果得过且过、随波逐流，就很容易被大市场吞没，永无出头之日。因此小生意者要拥有精明的头脑，善于抓住那些大企业无暇顾及的缝隙市场，跳出固有的狭窄的思维模式，从长远把握市场运作规律，深入研究消费者的消费欲望以及市场需求，将目光专注在"人无我有、人有我优"的商品与服务上。

灵活应对市场。市场的行情往往是瞬息万变的，谁的反应速度快，谁就能赢得时间，就能争得市场的主动权。小生意相对于大企业来说，一个明显的优点就是"船小掉头快"。在经营小生意的时候，要培养自己对市场敏锐的观察力，并针对市场的反应及时、迅速地想出对策，抓住商机。

挖掘潜在客户。小生意没有能跟大企业相比拟的规模，唯有以优质的服务方可在多变的市场中立足。优质的服务可以帮助小生意经营者建立良好的客户关系，增加自己的市场影响，以便为以后成就自己

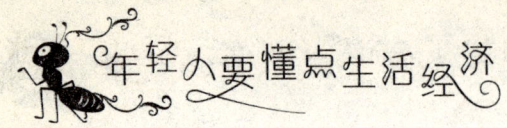

的大事业积累充足的人脉。

积小成大、积少成多,是不变的定律,任何时候都适用。做生意也是一样,我们只有在小生意阶段用心经营,才能为以后的大事业积累资本。而这种资本不只是资金的积累,更重要的是人脉、资源、经验以及经营能力的叠加。因此,我们要学会从小生意中赚大钱,为成就自己的大事业奠定坚实的基础。

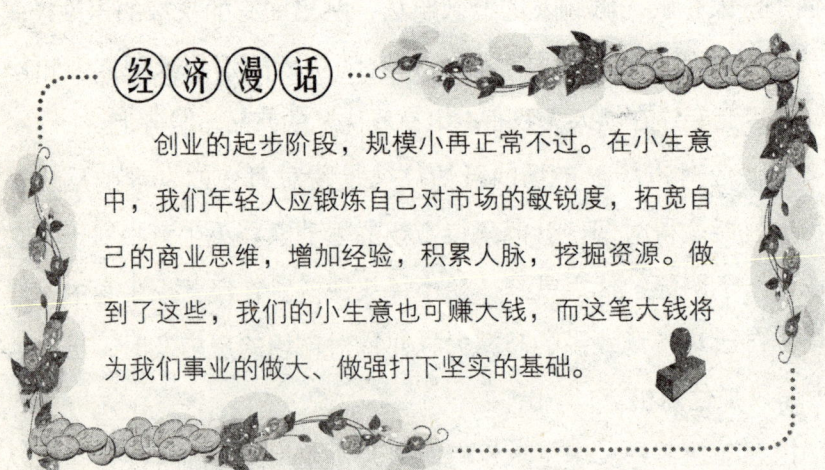

经济漫话

创业的起步阶段,规模小再正常不过。在小生意中,我们年轻人应锻炼自己对市场的敏锐度,拓宽自己的商业思维,增加经验,积累人脉,挖掘资源。做到了这些,我们的小生意也可赚大钱,而这笔大钱将为我们事业的做大、做强打下坚实的基础。

年轻人需学点创业经济学

信息经济：拒做"井底之蛙"

  当今社会已经进入信息时代，并逐步向知识经济的时代迈进。随着信息社会化和社会信息化的不断深入，"信息"对于经济发展的作用变得越来越重要，也越来越迫切。商场即战场，信息即商机，谁抓住了信息就等于抓住了商机，抓住了商机也就能够在商海的浮沉中站稳脚跟，获得发展。

  2009年春节期间，央视一套黄金时间热播了一部具有浓重山西地方色彩的大剧——《走西口》。在剧中，多次出现了山西人酿醋的醋作坊以及一些与酿醋有关的故事情节，使更多的观众更加深入地了解了山西醋文化的悠久历史。

  山西老陈醋是一张非常能代表山西特色的标志性"名片"。近年来，调味品市场的竞争逐渐进入到白热化的阶段，山西的醋厂也加剧了彼此之间的竞争。从山西省各级政府为振兴山西醋业而组织成立的老陈醋醋业集团、醋业合作社，到镇江醋业集团西上山西攻城略地，从清徐县政府召开"2008年中国清徐醋业博览会"，到精心筹备醋文化节，都说明了市场竞争的残酷，同时也说明了山西省政府对山西醋业的支持力度以及对山西醋业发展的担忧。

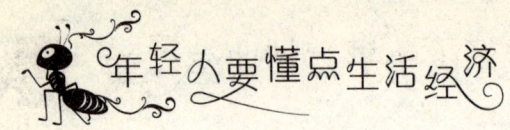

年轻人要懂点生活经济

尽管作为中国一代名商——晋商的后代,山西醋业却没能把前辈的经商理念很好地继承下来。如果山西某家醋企业,能够抢得先机,提前捕捉到《走西口》的拍摄信息,并在《走西口》的摄制过程中,巧妙地把企业品牌和剧情融合在一起,让企业品牌从电视情节中走入观众的视线范围,那么,该企业便能借中央电视台的传播力量达到既宣传山西醋文化的悠久历史,又宣传企业品牌的目的。这样,远比花巨资请大明星做代言的效果要好得多。

2009年的春节联欢晚会上,赵本山就把搜狐网站有机地融合到小品中,既宣传了企业,又博得了观众的笑声,可谓一举两得。这也是一个成功借势的典范。

商场即战场,信息即商机,商机即财富,"掌握信息就等于把握了商机"已经成为商界人士的信条与共识。现今社会已经进入到了信息的时代,世界范围内的电脑互联网将使越来越多的领域以数据流通取代产品流通,将生产变成服务,将工业劳动演变成为信息劳动。信息经济的特征十分明显:信息产品不需要离开它的原始占有就能够被买卖和交换;某一产品能够通过电脑的大量复制和分配而不需要额外增加费用;价值的增加是通过知识而不是通过工作来实现的,知识流向产品的主要形式是软件。信息经济中的"信息",其显著特点之一就是时效性,即效益与时间成反比,如果先人一步,掌握了信息就等于占领了制高点,这些信息也就可能价值千金;相反,如果没有及时掌握信息,错过了商机,信息也不过就是一堆泡沫。因此,在信息经

年轻人需学点创业经济学

济的时代，如何在纷繁复杂的信息流中获得有利于企业发展的"有价值信息"，将成为商家占领市场的制胜法宝。

在市场经济的体制下，经济信息的收集、加工、利用以及开发都是十分重要的，也由此形成了一门新的学科分支——信息经济学。毋庸置疑，信息经济学的研究对象就是信息。传统的经济学认为，在社会经济活动中，信息凝结了所有的市场信息，它的获取、处理与利用是不需要花费成本的。但是随着信息经济学研究的深入，特别是信息化进程的不断加快，越来越多的人认识到，信息的获得是需要付出成本的，甚至是很大的成本。

英国著名经济学家约翰·霍金斯认为："价格是在搜寻中获得的，是以付出成本为代价的，因此，信息是不完全的。这就决定了市场的竞争也是不完全的，决策个体之间存在着直接的相互作用和影响，私人信息发挥着重要的作用，因此，信息也是不对称的。"在信息的不完全与不对称的条件下，经济个体是自私的，通常情况下也不具有作出最佳决策所需要的信息的能力，这就导致了经济个体的能力也是有限的。通过对信息，尤其是私人信息作用机理的分析，信息经济学揭示了这样一个规律：市场结构并不能囊括所有的市场经济关系，因此，市场价格制度就不再是激励约束的全部内容和手段，而"非价格"机制则成为激励约束不可或缺的内容。信息经济就是运用机制设计理论来设计"非价格"制度以解决市场问题的。

在信息经济学看来，工业社会劳动文化的两大基本支柱——时间和固定工作岗位正在逐渐退居次要地位，而随着信息化进程的不断深入，信息是可以作为生产要素投入于生产过程中的，它同传统经济学中的劳动力、劳动工具并没有什么区别。信息经济学家认为，信息可以作为每一个经济个体的生命线存在，信息的特性可以直接影响人们

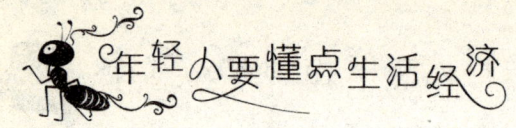

的经济行为。因为在一定的信息结构下,通过信息的集中或分散的优化组合,就可以提高资源配置的效率。如果缺少了可靠的信息,市场的运转也将会受到很大的影响。优化市场资源配置与促进经济发展的一个很重要因素,就是反应市场信息发挥作用程度的信息效率。

信息即商机,现代社会的商机包括国家的政策法规、社会风气、文化现象等多方面内容,怎样将这些信息内容进行收集、筛选,将其变为对自己有用的商机,便是掌握先机的关键。现代社会,信息的获取有很多种途径,比如报刊、图书,比如媒体的报道,比如与业界同行的交流,比如经常进行一些市场调查等。如果市场发生重大变动或是有重大契机出现,那么信息的暗示性往往很强烈,以致一般的人都会注意到并把握住此种信息。此时,如果想要出奇制胜,人们就要十分注意那些被多数人忽略掉的小信息,要知道,这些小信息中往往会蕴涵着十分巨大的商机。而抓住这些小信息的人,也往往会将这些信息作为自己独特的资源,取得出人意料的成功。

每个创业者的性格都不一样,这就决定了在创业过程中,在遇到难题的时候,人与人的反应也都会有差异。对信息的掌握程度不同,也就决定了对市场商机的把握程度的不同,最终决定了在风云多变的经济市场各人的成就会有差别。当今社会是信息经济的时代,谁掌握了信息,就等于谁掌握了商机,在市场中就可以处于主动地位。认不清信息的重要性,不懂得把握信息的创业者,就如同是"坐井观天"的青蛙,只能将自己的思维禁锢在"井口那么大"的一个小区域,就注定会走向末路。而只有那些看得到井口以外的世界的创业者,才能够把握住信息,才能够以敏锐、客观的目光审视经济市场的诡谲,才能够更好地应对市场的风云突变。

21世纪是一个商业高度发达的社会,也可以说是一个以信息取胜

的时代。如果你已经投身到创业的浪潮中,就应该注重对市场信息的把握,还要懂得在纷繁的信息中整合出对自己发展有利的"有价值信息",再通过自己精明的头脑与严谨的分析能力,将这些信息理解、消化并运用到自己的事业中,那么,毫无疑问,你将成为在创业的浮沉中走得最稳的那一个。

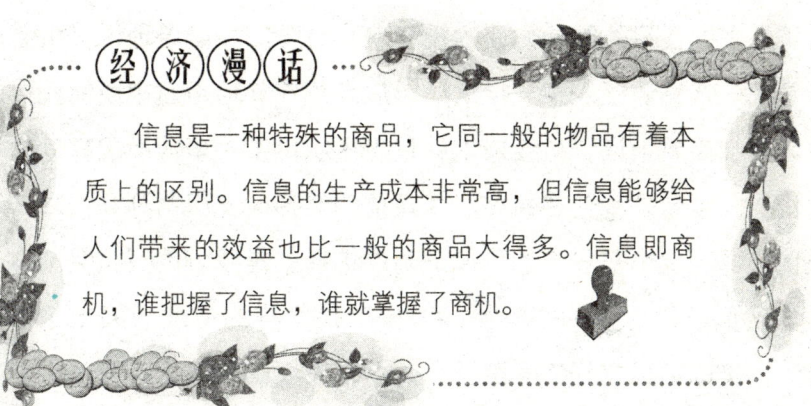

经济漫话

信息是一种特殊的商品,它同一般的物品有着本质上的区别。信息的生产成本非常高,但信息能够给人们带来的效益也比一般的商品大得多。信息即商机,谁把握了信息,谁就掌握了商机。

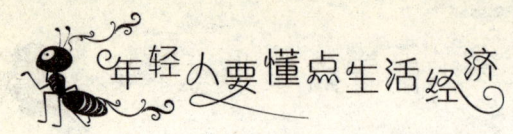

机会成本：考研还是就业

大学毕业之后，很多毕业生面临两难的选择：是继续考研深造还是就业？考研深造可以获得更多的知识储备，以及更好的工作机会，但是从另一方面考虑，在读研究生的过程中，也会失去在社会上锻炼的机会。这就涉及了一个"机会成本"的问题。

关于机会成本，意大利经济学家乔治·贝利切利认为："它是一种特别的、既虚既实的成本。它是指一笔投资在专注于某一方面之后所失去的在另外其他方面的投资获利机会。"简单地说，机会成本就是把一定资源投入某一用途后所放弃的在其他用途中所能获得的利益。更加简单地说，机会成本就是为了从事某件事情而放弃其他事情的价值，也就是我们在面临一件事情的选择时，权衡利弊之后作出的最优选择，那个被放弃的价值最高的选择就是我们的"机会成本"。这与我们日常所说的"有得必有失"是同样的道理。关于"机会成本"，美国诺贝尔经济学奖第一人，保罗·萨缪尔森在其《经济学》中曾经用热狗公司的事例来形象说明。

热狗公司所有员工每周工作60小时，但不领取工资，到年底结算

年轻人需学点创业经济学

时他们获得了22 000美元的利润。但是，如果所有员工能够找到另外收入更高的工作，使他们所获得的年收入达45 000美元，那么这些员工所从事的热狗工作就会产生一种机会成本，也就表明因他们从事了热狗工作而不得不放弃其他获利更大的工作。对此，经济学家曾经计算过，虽然表面上他们赢利了，但实际上他们是在亏损，即用他们的实际赢利22 000美元减去他们失去的45 000美元的机会收益，他们的亏损额是23 000美元。

如果将机会成本的概念运用于投资、创业的过程中，机会成本就是人们在投资决策时，因为选择一个决策而放弃另一个决策所付出的代价。也就是说，当资源改变其目前的用途，转而投入到另一个可能性的用途时，你所获取或放弃的利益就是你的机会成本。而在作出选择时，你应该要选择机会成本最低的选项，放弃机会成本最高的选项，即所谓的失去越少越明智。就比如我们经常会拿融资租赁和贷款比较谁的融资成本高，如果不把机会成本加进去，就可能得出一种错误的认知：融资租赁的融资成本比银行贷款高。

我们都曾有过这样的经历：明天有一场重要的考试，今天晚上有一场精彩的电影，偏偏你的复习还不是很到位，也许差的就是今天一个晚上的努力。这个时候，是看电影还是复习就必须要二选一。因为一般情况下，一个人是不可能在同一时间内同时做好两件事情的，如果选择看电影，第二天的考试就有可能考砸；如果选择复习，就一定会错过精彩的电影。如果你硬是要兼顾两件事情，即在看电影的时候复习功课，那么结果往往就会是电影没看成，复习也没复习好，既错过了电影也搞砸了考试，这种做法所付出的代价很明显要比二选一沉重得多。看电影还是复习功课，你必须要作出选择，就像是鱼与熊掌，二者不可兼得，必须权衡取舍。这时候就取决于你对电影的评价

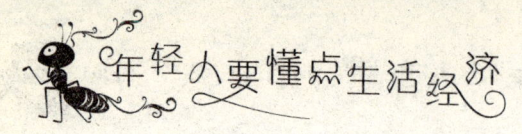

了，如果你认为一场精彩的电影所带来的乐趣远远超过复习，那么自然而然地就会选择放弃复习。此时，看电影的机会成本就是放弃复习，机会成本就是被放弃的方案的价值，就是复习的价值。

再回过头来看，由于近些年大学的扩招，大学生人数急剧增加，大学生就业难的现状越来越明显，这也就导致大学生在毕业之前都会面临是继续考研深造还是参加工作的两难选择。有些人认为，本科毕业生的工作很难找，那不如继续考研深造，因为顶着"研究生"的高帽子总会增加在以后的就业市场上的竞争优势。还有一些人认为，现在社会虽然比较注重学历，但更看重的是个人的能力，与其继续读研究生还不如早点投身社会参加工作，这样既可以锻炼自己的能力，还能为自己积累一定的资金基础。

认为就业好的人都会在心里为自己算一笔账：读研的过程中，要付学费、住宿费、书费等高额的费用，而读三年研究生只不过是有个高学历，只不过是在以后晋升职称的时候门槛更低一些而已。相较于就业既可以锻炼能力，又可以赚钱来说，实在是成本太高了，因为他们认为考研实在"不划算"。虽然读研过程中可以让自己获得更高的知识储备以及更好的工作机会，但是也会相应的有一些损失。经济学家认为，这些损失不能简单地以金钱来计算，因为读研的过程中真正要放弃的东西并不仅仅是费用方面。

读研深造确实会有各项高额费用的投入，但是即便是你参加工作还不是照样要吃饭、购物，照样要有资金的投入。实际上，读研过程中在学校所应该付出的住宿费、伙食费相对参加工作之后的房租、饭费要低得多，在这种情况下，住宿费和伙食费的节省反而成了读研的收益。只有在学校的住宿费与伙食费比其他的地方更高时，多出来的这部分才是读研过程中的成本。不过，从总体来看，读研过程中的这

年轻人需学点创业经济学

些费用都不值一提,真正重要的成本是时间。

我们都没有三头六臂,通常情况下不可能将多件事情兼顾得很完美。在读研的同学,当他将所有的时间用来上课、学习以及准备论文的时候,他就不可能有时间去参加工作,也就可以认定为,那些选择考研深造的同学最大的成本就是没有工作(兼职的工作不列入考量范围)。

机会成本并不是一成不变的,对于不同的人来说,考研深造的机会成本也有所不同。假如你有创业的资本与能力,那么你读研的机会成本相对就会高一些;如果你擅长搞科研或一些学术性的工作,那你读研的机会成本就会低一些,参加工作的机会成本反而更大。因此,在我们面临选择要作出抉择的时候,一定要仔细考虑,认真分析考研的成本与收益。

毕业之后继续读研深造,其机会成本包括学费、住宿费等高额的费用,经济学家称其为显性成本;也包括因没有参加工作的工资损失,称其为隐性成本。任何事情都有其两面考量,读研也不例外。读研期间是需要付出一定的成本的,包括金钱、时间。但是从长远来看,读研究生结束之后,知识储备更加丰富了,学历更高了,找到工作的机会也会增加,参加工作的工资待遇也会高于本科毕业生,如果从这方面考虑的话,读研深造后再参加工作比本科毕业就参加工作所获得的收益更高,并且这份收益还能够弥补在读研期间的成本付出,那么继续读研就是值得的。如果情况相反,读研就是在浪费自己的时间与金钱,是更大成本的付出,就是不值得的。

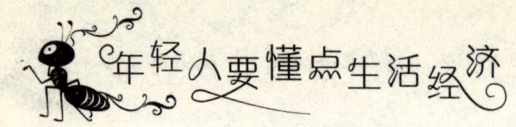

人的本性都是趋利的，经济学理论也讲究利益的最大化，人在付出一定的成本之后都会希望获得收益，并希望收益最大化。而在这种收益最大化的情况下，我们在作出选择之时，就要慎重思考，争取实现我们本身的利益最优。

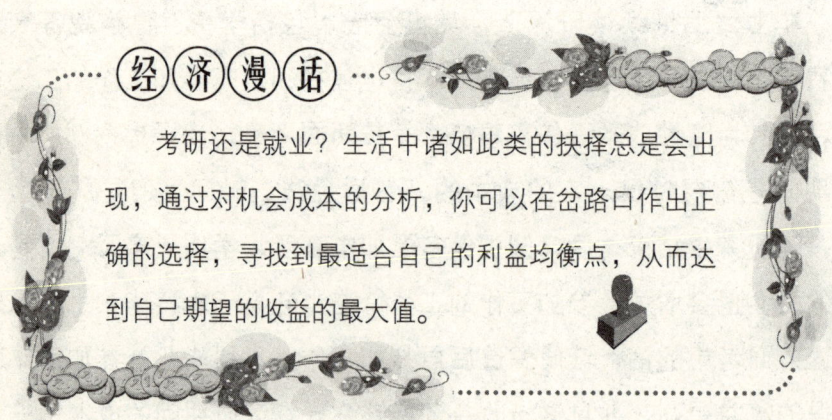

经济漫话

考研还是就业？生活中诸如此类的抉择总是会出现，通过对机会成本的分析，你可以在岔路口作出正确的选择，寻找到最适合自己的利益均衡点，从而达到自己期望的收益的最大值。

蓝海战略：突破传统，拓展新空间

常言道"突破传统方显无限创意"，年轻人创业也是一样，要勇于跳出定向模式思维，在已知的、传统的行业结构中拓展出一种新的创业空间，即在传统的、看似平淡无奇的"红海"中开辟出一片光明的、充满希望的"蓝海"。

"蓝海战略"最早是由W. 钱·金和勒妮·莫博涅在2005年二人合著的《蓝海战略》一书中提出来的，它主要是针对传统的"红海战略"而言的。

假设，整个经济市场是一片海洋，这个海洋是由红色海洋与蓝色海洋组成的，红色代表现今已经存在的所有产业，是我们已知的市场空间；蓝色则代表当今还未出现的产业，是未知的市场空间。那么所谓的蓝海战略就不难理解了，红海战略代表传统意义上的收缩趋势的竞争，而蓝海战略就是企业突破传统，超越传统竞争，开创全新市场的企业战略。

"红海"是竞争极端激烈的市场，"蓝海"是与红海相对而言的，但并不代表蓝海是一个没有竞争的领域，而是一个通过差异化手段得到的崭新的市场领域，也就意味着蓝海战略侧重的是企业凭借其创新能力获得更快的增长以及更高的利润空间,即突破传统竞争与创造新的市场需求。

打个简单的比喻:红海就是红色的大海,在防鲨网的范围之内,水质浑浊,营养成分贫乏,但是人很多,由于被圈定范围,所以竞争异常激烈;而蓝海就是蓝色的大海,在防鲨网范围之外,是海的深处,水质很好,营养成分丰富,范围相当广泛,竞争的人也很少,因此,处于蓝海竞争中的胜者也较红海多得多,胜者获得的利益也会相对多很多。

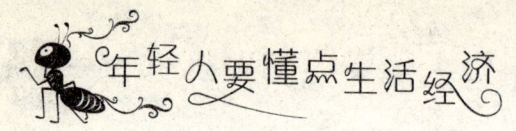

从蓝海战略的观点来看,聚焦于红海就等于接受了商战的限制性因素,即在有限的土地上求胜,否认了商业世界开创新市场的可能性。运用蓝海战略,实现将更多竞争对手移向买方需求,跨越现有的竞争边界,将不同市场的买方价值元素筛选并重新排序,从给定结构下的定位选择转向市场结构本身的转变。

蓝海战略的基石为价值创新。价值创新挑战了基于竞争的传统教条即价值和成本的权衡取舍关系,让企业将创新与效用、价格与成本整合成一体,即不是比照现有的产业最佳实践去赶超对手,而是通过改变产业境况重新设定竞争规则;不是瞄准现有市场的高端或低端客户,而是面向那些有潜在需求的买方大众;不是一味细分市场满足客户偏好,而是合并细分市场整合需求。一个典型的蓝海战略例子就是太阳马戏团。

太阳马戏团是1984年由一群加拿大魁北克省的街头流浪艺人组成的。在近十年中,这个马戏团创作了十几台风格迥异的大型主题杂技

年轻人需学点创业经济学

晚会。太阳马戏团在全世界进行巡回演出,把快乐带给数以亿计的观众。在21世纪初,成立不到二十年的太阳马戏团的赢利已经达到了全球马戏团业霸主玲玲马戏团经营了一百多年才达到的水准。

其实仔细观察就可以发现,太阳马戏团的演员们杂技技巧并不是世界最精湛的,但是他们的演出却获得了巨大的成功,太阳马戏团的迅速成长也令人钦佩,这其中的奥妙在哪里呢?太阳马戏团成功的法宝又是什么呢?

在当时,马戏团这一行业早已失去了最开始的光彩,已经沦为"成长力非常有限"的行业,原因就在于:第一,明星演员阵容不断扩大,人们也很愿意为他们埋单;第二,形形色色的娱乐活动不断涌现,对"马戏"娱乐的替代作用明显;第三,现代儿童宁可在家玩电脑,也不愿意去看马戏团的演出。此外,全球马戏团业霸主玲玲马戏团也为这一行定下标准,其他的竞争对手只能依葫芦画瓢,规模也无法扩大。因此,从竞争的本位策略来看,马戏团这一行似乎毫无吸引力。

但是,就是在这样严峻的情况之下,太阳马戏团的创始人盖·拉利伯特却独辟蹊径,在"夹缝"中寻找到生存的契机。传统的马戏团向来只以讨好儿童为主,太阳马戏团却能跳出这种传统的竞争,创造了无人与其竞争的市场空间,使得竞争变得完全无关紧要。它致力于以新的主题、新的形式在吸引全新的客户群——那些愿意花数倍于传统马戏团门票费用,以获得新鲜娱乐经验的成年人和公司客户。这点从太阳马戏团之作的第一个节目《我们改造了马戏团》就可以看到,太阳马戏团成为闻名全球的马戏团也是必然的。

尽管"蓝海战略"是一个新兴的经济学名词,尽管大多数人对于这个名词还会感到新鲜与陌生,但是"蓝海"这种现象在我们身边存在已久了。就比如现在的一些上市企业在多年之前也许只是一个小

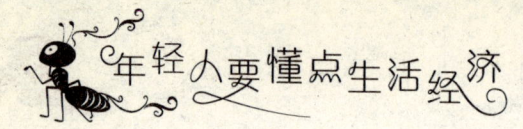

企业,现在的一些航空、唱片等行业在很久以前是没有的。这也就表明,随着社会生产力水平的突飞猛进,人们的思维方式也在不断地改变,也正是因为有思维的突破,才有了企业的创新,也才有了社会的不断进步。

就当前的经济社会来看,企业的创新尽管有了一定的成效,但还是存在一定的缺陷,很多企业在经营中还是将目光专注于传统的红海战略上,而缺少果断采用蓝海战略的魄力与胆识。要知道,如果企业把全部心思都放在红海战略上,也就意味着企业完全接受了某些限制因素,如地域的有限性等,也就等于企业完全放弃了创造无竞争对手的新市场空间的能力与机会,这对于企业来说,实在是有些得不偿失。

蓝海战略要求企业把经营视线从市场的供给一方转向需求的一方,从关注、比超竞争对手,转向为买方提供价值的飞跃。从蓝海战略的原则层面来看,通过超越现有的竞争边界看市场以及将不同市场的买方价值元素筛选与重新排序,企业就有可能重建市场边界,开启巨大的潜在需求,从而突破红海战略的传统的"血腥"竞争,开创新的无竞争的市场空间。通过增加和创造现有企业未提供的某些价值元素,并剔除和减少产业现有的某些价值元素,企业就有可能同时追求差异化和成本领先,即以较低的成本为买方提供价值上的突破。由此可见,只有从竞争激烈的"红海"中突破出来,经过思维创新、模式创新来开拓"蓝海",企业才会有更快、更好的发展,才能在瞬息万变的经济市场站稳脚跟。

蓝海战略的价值基石就在于创新,寻找市场的突破点。要在看似绝望的"红海"中开辟出一片光明的"蓝海",准确地实施蓝海战略,主要遵循以下几个原则。

年轻人需学点创业经济学

重建市场边界。从选择产业方面,要跨越所择产业看市场,因为一家企业不仅要与自身产业对手竞争,而且要与所择产品或服务的产业对手竞争;从战略集团方面,要突破狭窄视野,跨越产业内不同的战略集团看市场;从买方群体方面,要重新界定产业的买方群体,要明白买方是由购买者、使用者和施加影响者共同组成的买方链条;从产品和服务范围方面,要跨越互补性产品和服务看市场,最简单的方法就是分析顾客在使用产品之前、之中以及之后有哪些需要;从功能情感导向方面,要跨越针对卖方的产业功能与情感导向看市场;从时间方面,要跨越时间参与塑造外部潮流,从商业角度洞悉技术与政策潮流如何改变顾客获取的价值以及如何影响商业模式。经此途径,企业就能够从激烈的"血腥"竞争中开创蓝海战略,重建市场边界。

注重全局而非数字。对一个企业来说,伟大的战略洞察力是走入基层、挑战竞争边界的结果。在绘制战略布局图时,蓝海战略建议将一家企业在市场中现有的战略定位以视觉的形式表现出来,开启企业组织各类人员的创造性,从而把视线引向蓝海。

超越现有需求。企业在经营过程中,不应只把视线集中在顾客身上,还应该关注那些非顾客群体。不要通过个性化和细分市场来满足顾客差异,而应该寻找买方的共同点,将非顾客置于顾客之前。

需要重点指出的是,蓝海战略在突破传统、企业创新、获得更多利益的同时,也有一定的弊端,原因就在于蓝海战略忽视了市场的竞争原则。尽管蓝海战略追求差异化的手段在一定程度上实现了所谓的

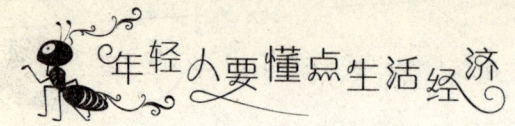

垄断，但从长远来看，最终也无法摆脱竞争的结局。由此可见，蓝海战略这一新兴的经济理念，虽然没有得到普遍的验证，但也正在受到商界人士的关注，就像有人说的："接下来的几年注定会成为'蓝海战略'年。"

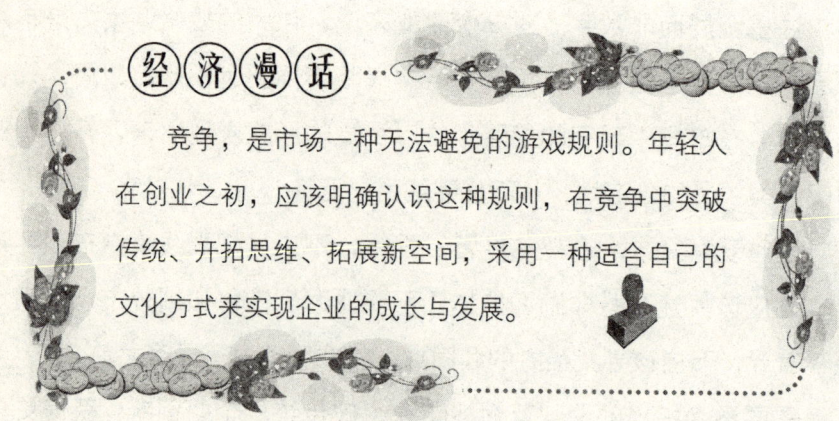

经济漫话

竞争，是市场一种无法避免的游戏规则。年轻人在创业之初，应该明确认识这种规则，在竞争中突破传统、开拓思维、拓展新空间，采用一种适合自己的文化方式来实现企业的成长与发展。

鲶鱼效应：怎样激发企业活力

活力，是企业的创新之源，是企业快速发展的核心动力。企业一旦缺乏活力，就会形成可怕的惰性，不思进取、缺乏创新，即便拥有再多的资金、再好的技术、再优秀的人才，也难逃失败的厄运。所以，企业在发展的过程中，要格外注意保持活力，只有这样才能够保证在起伏的浪潮中历久常新，得到长远的发展。

挪威人特别喜欢吃沙丁鱼，尤其是活的沙丁鱼，而在市场上活的沙丁鱼价钱要比死鱼的价钱高很多。在捕鱼的过程中，让沙丁鱼活着回港是渔民们一直努力的目标，可是尽管经过种种努力，沙丁鱼在回港途中还是会因为缺氧窒息而死，这让渔民们很困扰。但是有一条渔船，总能让大部分的沙丁鱼活着回港。老船长在去世之前才将秘诀公布于众：每次捕捞沙丁鱼之后，老船长都会在装满沙丁鱼的船舱里再放上一条或几条鲶鱼。鲶鱼生性好动，并且以鱼为主要食物。鲶鱼在进入船舱之后，由于环境陌生，加之周围是拥挤的沙丁鱼，便四处游动。而沙丁鱼见了鲶鱼之后，也会变得十分紧张，以致左冲右突，四处躲避，加速游动。沙丁鱼一直在游动就可以避免缺氧的情况出现，大部

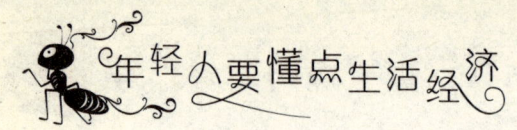

分的沙丁鱼也就可以活着回港了。这就是著名的"鲶鱼效应"。

在企业的经营中,"鲶鱼效应"就是要采取一种手段或措施,来刺激企业活跃起来,投入到市场中积极参与竞争,从而激活市场中的同行业企业。"鲶鱼效应"的实质是一种负激励,是激活员工队伍的奥秘所在。

捕鱼的过程也类似于企业的经营,"渔夫"是企业的管理者,"鲶鱼"就是那些勇于创新的人才,而"沙丁鱼"就是那些不思进取、一味追求安稳度日的人。

"鲶鱼效应"对于"渔夫"来说,就在于激励手段的应用。渔夫用鲶鱼作为激励手段,促使沙丁鱼来回游动,以保证沙丁鱼活着,以此来获得最大利益;在企业的管理中,管理者就需要引进"鲶鱼型人才",以此来改变企业一潭死水的状况,保障管理目标的实现。

"鲶鱼效应"对于"鲶鱼"来说,就在于自我价值的实现。在企业的经营中,鲶鱼型人才的出现是出于获得生存空间的需要,并不见得是一开始就有很好的契机促使此类人才的出现。鲶鱼型人才是企业管理所必需的,对于人才本身来讲,自我价值的实现才是最根本的。

"鲶鱼效应"对于"沙丁鱼"来说,就在于缺乏忧患意识。沙丁鱼型的员工其特征就是缺乏忧患意识,不思进取,一味追求安稳度日,但是如果周边有"鲶鱼型人才"出现,现实的生存现状就不允许"沙丁鱼"有片刻的安宁。对"沙丁鱼"来说,如果不想被"鲶鱼"吃掉,就必须活跃起来,积极寻找新的出路。

我们中国人讲"流水不腐、户枢不蠹",流动的水才不会腐臭变质,经常转动的门轴才不会被虫蛀蚀。如果一个企业或组织的工作达到一个相对稳定的状态,往往就意味着员工工作积极性的降低,工作效率的降低,"一团和气"的工作状态并不一定是一个高效、高质的

年轻人需学点创业经济学

工作团队或集体。假如将"鲶鱼效应"应用到企业的管理中，将会起到很好的"医疗"作用。而一个企业或组织中自始至终都有"鲶鱼型"的人才，无疑也会激活员工的积极性，提高工作效率。

"鲶鱼效应"可以作为企业管理层激发员工活力的有效措施之一，其应用主要表现在两个方面：一是引进那些富有朝气、思维敏捷的年轻生力军，在无形当中给那些故步自封、因循守旧的懒惰员工带来竞争压力，以此来唤醒"沙丁鱼"们的生存意识和竞争意识；二是引进新技术、新设备、新的工艺以及新的管理观念，以保证企业在市场竞争的大潮中搏击风浪，增强企业的生存能力和适应能力。

在企业的内部经常会出现这样的情况：时间久了，内部员工之间由于彼此互相熟悉了，就会缺乏活力与新鲜感，惰性的产生也就在所难免，因此引进一些"鲶鱼"来加入团队制造紧张气氛、增加员工之间的良性竞争就显得十分必要了。"鲶鱼型人才"的到来，对于企业中的老员工来说，会迫使他们为了证明自己的能力与尊严，不被新来的员工超越，就不得不再次努力工作；而对于那些在能力上刚刚能够满足团队要求的队员来说，"鲶鱼"的进入将使他们面对更大的压力，基于优胜劣汰的原则，为了继续留在团队里，他们就不得不比别人更加用功、更加努力地工作。由此可见，适时、适当地引进"鲶鱼"型人才，可以在很大程度上激发企业或组织内部员工的爆发力，促使企业得到重新的、长远的发展。这一点，日本的本田公司的经验，就值得创业者借鉴。

本田先生在对欧美企业进行考察时发现，许多企业的人员构成基本上分三种类型：一是不可缺少的干才，约占公司总人数的20%；二是以公司为家的勤劳人才，约占60%；三是因循守旧、不思进取，某些时候还会拖公司后腿的蠢材。再看自己公司内部，缺乏进取心和敬业精神的人员也许还会更多，如何使前两种人增多，使其更具有敬业精神，而减少第三种人呢？其实第三种人对于企业也并不是完全没有贡献，只是他们与公司的要求与发展差距较大，如果全部将其辞退，一方面会受到工会的压力，另一方面又会使企业蒙受损失，这显然是行不通的。

后来，本田先生听说了鲶鱼的故事，深受启发，决定进行人事方面的改革。一番考量之后，他决定首先从销售部入手，因为销售部经理的观念已经严重影响到下属的认知，而且与公司的经营理念相差甚远。因此打破销售部只会维持现状的局面，就成为改革的首要任务。经过周密的计划和不断的努力，本田先生终于成功地将松和公司销售部副经理、年仅35岁的武太郎成功挖过来。武太郎接任本田公司销售部经理之后，凭借自己丰富的市场营销经验、过人的学识才智，以及惊人的毅力和工作热情，受到了销售部员工的一致好评，员工们的工作热情也被极大地调动起来了，工作氛围也活跃了许多，公司的销售业绩呈直线上升的态势，公司在欧美市场的知名度也不断提高。本田先生对武太郎上任以来的工作十分满意，不仅仅因为他日常的工作表现，还在于作为公司的"龙头部门"，销售部将其他部门甚至是整个企业的工作热情和活力全部调动起来了。

从此之后，本田公司每年都会从外部聘用一些精明能干的、思维敏捷的、勇于创新的30多岁的生力军，有时候甚至聘请常务、董事级别的"大鲶鱼"。这样一来，公司上下老员工也好，新员工也好，都有了一种"触电"的紧张感觉，公司的业绩蒸蒸日上也不在话下。

年轻人需学点创业经济学

年轻人要想创业，作为企业的管理者，就应该善于利用"鲶鱼效应"进行管理，即不断从别的企业引进人才，营造一种充满忧患意识的竞争环境，刺激公司内部的"沙丁鱼"们求生的意志，使企业保持恒久的活力；还应该注意在公司内部挖掘、发现"鲶鱼"，通过绩效管理以及评选机制来刺激公司内部员工的竞争意识与进取心，这样就有助于营造一种良好的文化氛围，也能很好地避免从外部引进人员而出现的高价收购人才的现象，从而节省公司的人力资源成本。

不论是哪种引进"鲶鱼"的方式，其目的都是为了激发企业的活力，使之能更好地适应市场大潮的冲击。激发、保持企业的活力，是作为企业管理者所必须具有的经营意识，也是企业在发展过程中的必要之举。

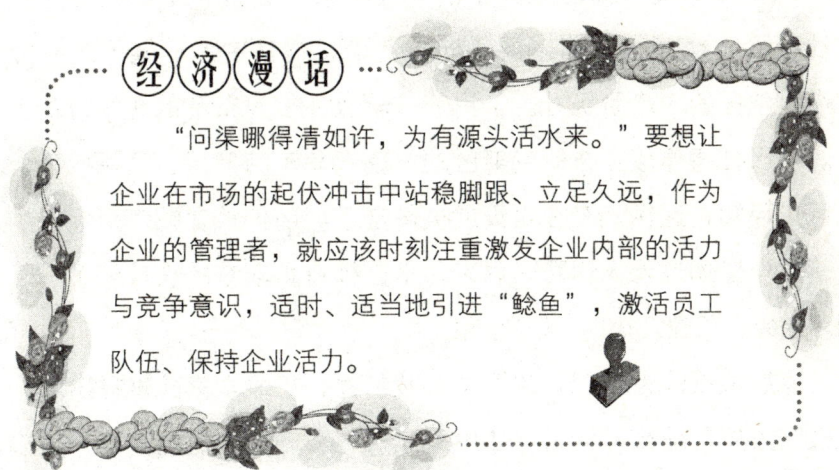

经济漫话

"问渠哪得清如许，为有源头活水来。"要想让企业在市场的起伏冲击中站稳脚跟、立足久远，作为企业的管理者，就应该时刻注重激发企业内部的活力与竞争意识，适时、适当地引进"鲶鱼"，激活员工队伍、保持企业活力。

破窗效应：千里之堤，溃于蚁穴

古语有云"千里之堤，溃于蚁穴"，说的是如果不能防微杜渐，千里的大堤也有可能因为一个小小的蚂蚁穴而溃决。如果将其推广至公司的经营，整个公司就犹如一个大堤，如果不加以洞察和正视，许多细枝末节就有可能成为公司的致命危机。

1969年，美国斯坦福大学的心理学家菲利普·辛巴杜曾进行了一项实验：他找来两辆一模一样的汽车，把其中的一辆停放在加州帕洛阿尔托的中产阶级社区，另外一辆放在相对杂乱的纽约布朗克斯区。辛巴杜将停放在布朗克斯区的那辆汽车车牌摘掉、顶棚打开，结果可想而知，这辆汽车在当天就被偷走了。而停放在帕洛阿尔托的那一辆，一星期也无人理睬。后来，辛巴杜将那辆车的玻璃敲了一个大洞，结果，仅仅几小时，它就不见了。

以这项试验为基础，政治学家威尔逊和犯罪学家凯琳提出了一个"破窗效应"理论，认为：如果有人打坏了一幢建筑物的窗户玻璃，而这扇窗户又得不到及时的修理，别人就可能受到某些暗示性的纵容去打烂更多的窗户。久而久之，这些窗户就会给人造成一种无序的感年轻人需学点创业经济学

觉，结果在这种公众麻木不仁的氛围中，犯罪就会滋生、繁荣。人的这种心理就被命名为"破窗效应"。"破窗效应"带给人们的启示就是：人们应该及时矫正和补救正在发生的问题。

在日常生活中，我们或我们身边的人总会遇到这样的现象：无人的房间，敞开的大门，桌上的财物就会使原本无贪念的人心生贪念；一个房间的窗户玻璃被人打破了，如果长时间没人去修补，之后其他的窗户也会被莫名其妙地打破；一面墙上如果出现一些涂鸦，但没人清理，不用太长时间，墙上就会接着出现更多的乱七八糟的东西；在一个很干净的地方，尽管没有规定不可以扔垃圾，一般也不会有人去做第一个扔垃圾的人，但假如有人不小心成为第一个而又没有人制止，那么很快的，人们都会毫不犹豫地效仿、跟随第一个人的行为随地扔垃圾，并且丝毫不会觉得羞愧……这些，就是"破窗效应"的表现。

从"破窗效应"中，我们可以得出一个道理：任何一种不良现象的存在，都在传递着一种信息，这种信息会导致不良现象的无限扩展，同时我们必须高度警惕那些看起来是偶然的、个别的、轻微的"过错"，如果对这种过错不闻不问、熟视无睹、反应迟钝或者纠正不力，那么我们在无形中就会纵容更多的人去打烂更多的窗户玻璃，就可能会演变成"千里之堤，溃于蚁穴"的恶果。"破窗效应"给我们每一个人敲响了警钟：勿以善小而不为，勿以恶小而为之。

做人也是如此。如果在平时不注意自己品行的塑造，认为一些小的过错不足以导致什么后果，久而久之，这种犯小错误的行为就会成为一种习惯。长此以往，小错就会积累成大恶，对于一个人以后的人生来说，会是毁灭的开始。年轻人不论是在就业的过程中，还是自己创业，都应该注意到这种"破窗效应"可能带来的严重后果，只有在平时注意到这些细枝末节，并防患于未然，未雨绸缪，才能够将企业的经营做到尽善尽美。要知道，细节的力量是伟大的，细节可以成就一个人，细节也可以毁掉一个人；细节可以帮助你成就你的事业，细节也可以毁掉你所有的心血，让你一败涂地。

1919年的上海，是一个半殖民地的城市，是冒险家的乐园，从那里走出来了当今全球最大的保险业巨擘——AIG。但是，又有谁能够想到，仅仅是设于伦敦的一个377人的分支部门，因为衍生品的交易，令这样一个拥有10.6万名员工的国际集团几乎沦陷。

AIG公司的雏形是由加州人史带在一战之前创办的美亚保险公司，业务范围主要是向俄罗斯移民社区、英租界兜售人寿保险，担保由俄罗斯开往欧洲载满难民的轮船安全，以及后来的向中国人出卖人寿保险、商业保险。1968年，史带去世，公司由格林伯格接任。在格林伯格任职的38年间，AIG的员工人数达到10.6万人，业务扩展到上百个国家，旗下拥有4300个分支机构，AIG被格林伯格打造成了一个"公司帝国"。直到金融危机之前，AIG都是全球最受敬仰的大公司之一，资产逾万亿美元，每年的赢利上升15%，是纽约证券交易所中表现最好的一支股票。

卡萨纳于1987年在伦敦创建了被称为"AIG金融部门"（下简称为AIGFP）的分支部门。AIGFP虽隶属于AIG，但实际上是一个独立的王国。AIGFP成立后不久，卡萨纳决定进军金融衍生物市场，CDS（credit default swap，信用违约掉期）的发明，是衍生产品的里程碑事件，也是导致AIG即将崩溃的罪魁祸首。CDS市场的投机性十分明显，使得卡年轻人需学点创业经济学

萨纳完全地沉浸在巨大的利益诱惑中无法自拔,自大、吹嘘、浮夸已经成为了卡萨纳的主要社交模式。

到2005年,AIGFP账上的CDS交易面额达到5 000亿美元,成为AIGFP的主要业务。2007年,AIGFP开始对账上资产减计,减计了3.52亿美元。之后,随着信贷危机的加深,AIGFP担保的CDS资产不断掉价,为了履行担保责任,AIGFP便要向交易对手交付抵押,损失也越来越大,AIGFP无力偿还的部分,将由母公司AIG承担。到2008年第二季度结束,AIG资产减计达250亿美元。而随着AIG的沦陷,保险业客户也开始撤离AIG。伴随着卡萨纳被扫地出门,AIG公司内部股东们也产生了分歧。没等到新任CEO威勒姆斯特德提出具体应对方案,AIG的股票就出现了巨幅下跌,CDS保费剧增,同时AIG债券的评级也被下调,就意味着CDS交易对手将要进行进一步索取145亿美元的抵押。AIG庞大的保险帝国即将倒塌。但是由于AIG担保的CDS太多,其一旦崩溃,将牵涉到数不清的银行、养老基金,所以政府即便不情愿,也不得不出面向AIG抛出850亿美元救生圈。

只是一个小小的决策失误,就能够使这样一个极具影响力的、全球性的"公司帝国"走向毁灭,以致最后不得不运用更多的金钱来补救。如果时光能够倒流,AIG公司的决策层能够及时预见CDS可能会带来的毁灭性灾难,而采取必要的措施,那么也许就不会有之后的沦陷危机出现了。

年轻人如果选择创业,就要更严格地要求自己。在公司的经营管理中,作为一个管理层,就必须高度警觉那些看起来是个别的、细微的但是却触犯了公司核心价值的"小过错",并坚持严格依法管理。要知道"千里之堤,溃于蚁穴",如果不能及时修好第一扇被打破的窗户玻璃,就有可能会有更多的窗户玻璃被打破,甚至是带来更大的

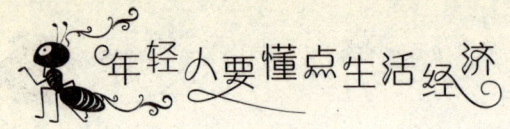

无法弥补的损失。

对于企业的管理，强调制度化的建设往往是必然的，但是现实的情况是制度多、执行少，也就是通常我们讲的"上有政策，下有对策"。长此以往，企业的发展就会陷入尴尬的境地。任何公司都会有一些"小奸小恶"行为，管理者不能对这些行为"睁一只眼闭一只眼"，而应引起高度的重视，在必要的时候还应该"小题大做"，这样才能防止有人效仿，积重难返。

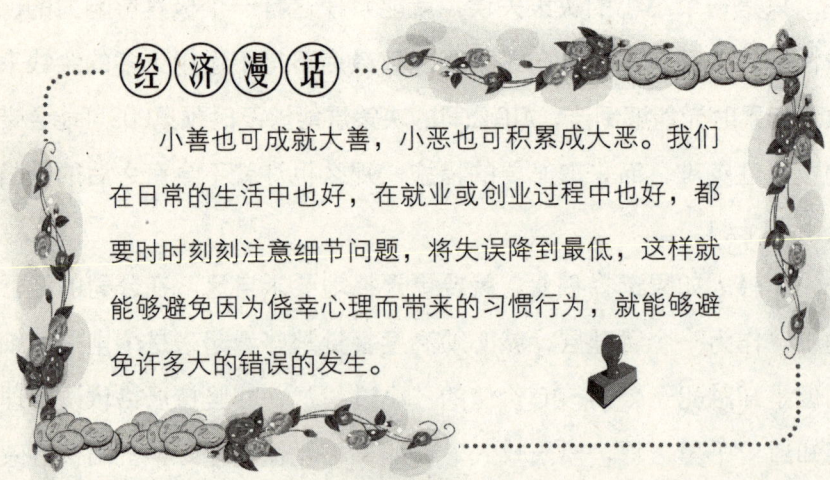

经济漫话

小善也可成就大善，小恶也可积累成大恶。我们在日常的生活中也好，在就业或创业过程中也好，都要时时刻刻注意细节问题，将失误降到最低，这样就能够避免因为侥幸心理而带来的习惯行为，就能够避免许多大的错误的发生。

激励：无形的增值力量

近些年来，人力资源越来越受到企业的重视。为了管理好人力资源，更为了实现企业利益的最大化，越来越多的企业广泛运用各种激励的办法，以刺激员工的工作积极性。因此，激励作为一种无形的增值的力量，已成为CEO们最为关注的重大问题之一。

顾名思义，激励指的就是用金钱或其他的利益来调动员工的积极性和创造性，使其有效完成某件事情。在经济学中，激励的具体定义为："组织通过设计适当的外部奖酬形式和工作环境，以一定的行为规范和惩罚性措施，借助信息沟通，来激发、引导、保持和归化组织成员的行为，以有效地实现组织及其成员个人目标的系统活动。"

激励是在所有权和控制权分离后产生的，企业内部渐渐形成了以经营者激励和约束机制为主要内容的企业管理理论。因此，在现在人力资源管理中，激励用得非常广泛，如增发员工工资、增设各种奖金、延长假期等，另外还有各种无形的体贴、关心等。

世界上销售量最大的书店亚马逊书店，其图书库存至少要比全世界任何一家大型书店的库存多15倍。这种庞大的工程必定要求一大批

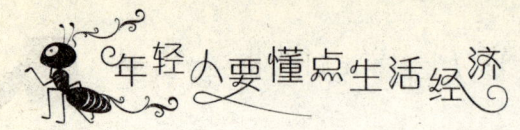

搬运工,但据悉,亚马孙公司的搬运工并不多,因为他们的工作效率非常高。那么,这么高的效率是怎么来的呢?那就是激励。当员工们忙着把书籍从卡车上卸下来并放在金属架上,然后又打包给顾客时,他们一般都是戴着耳机的。很多人对此很不解:难道亚马孙的员工竟可以听着随身听工作?不错,这就是亚马孙老板的过人之处。因为允许戴耳机只是一种象征,它表达的是亚马孙老板对员工的关心和体贴。亚马孙老板深知,这些搬运工大多是兼职人员,他们中有不少人是作家、演员或画家等,他们一般很爱和书打交道,但同时也很爱音乐,而听随身听不仅不会影响他们的工作,反而会愉悦他们的心情,提高他们的工作效率。

激励固然会调动员工的工作积极性,也可以开发员工的内在潜力,甚至还可以吸引更多的优秀的人才前来公司并将该人才留住,从而为企业带来更大的收益。但如果处理不当,兼顾不周,激励将会挫败某些员工的工作积极性甚至会影响整个公司的工作氛围。

30岁的宋威是一家大型企业的"开国功臣",他业务精通,为人厚道,和领导及同事关系也处理得非常好,当然,他的工薪待遇也是全公司最高的。但最近,宋威却突然提出辞职,这消息一传出,员工纷纷表示不解,也很舍不得宋威,以至于大家都无法安心工作。老板更是不解,他一直视宋威为自家兄弟,也从来没有亏待过他。经过老板再三追问,宋威这才说出了原因。原来,这家公司最近来了个刚毕业的非常优秀的研究生,老板为了能够留住人才,给其开出的工资居然比宋威还高出200元。宋威知道后,心里很不是滋味,虽然200元钱对他来说算不了什么,但这有损他的地位及尊严。毕竟他从中国一流的大学——复旦大学毕业后就来到了这家公司,成为公司的第一位员工。近10年中,他兢兢业业、任劳任怨,无私地为公司创造了不少业

年轻人需学点创业经济学

绩。在公司的这些年,那可是他一生中最美好的时光,而这研究生一毕业就拿到了比他还高的工资,他怎么会受得了呢?

因此,激励并不能盲目实行,而应以兼顾、公平为原则。此外,激励应是一个持续、递进的过程,否则激励的效果会向相反的方向发展。

从前,有一位睿智的老人,非常喜欢安静,所以他选择居住在宁静的郊区。但是,有一段时间,经常有一群小孩到他的屋前玩耍、嬉闹,这令老人十分头疼。忍无可忍的老人便决定赶走这群闹腾的孩子,但老人想,直接赶走他们是行不通的,孩子们都叛逆得很。一天,他突然想了一个妙计,对孩子们说:"你们常常过来陪爷爷,爷爷感到非常高兴。这样吧,我每天给你们每人5元钱,你们一定要记得每天来陪我哦。"几天过去了,这群小孩真的每天都来,而且每人每天都拿到了5元钱。但这天,老人突然对孩子们说:"孩子们啊,以后我给不了你们5元钱,而只能给你们1元了。"孩子们听了,觉得非常扫兴,但此后几天还是来了。又是一天,老人又突然对孩子们说:"孩子们啊,以后我只能给你们1角钱了。"这次,孩子们听了,都感到非常气愤,觉得老人实在是越来越小气,便决定以后再也不来了。老人终于成功地把这些孩子赶走了,心里暗自高兴。

总而言之,不管是何种方式的激励,包括经济激励,各种形式的精神激励等,人们都会对此作出反应,他们会比较自己的成本和收益。好的激励自然能够激发出人们的潜能,使企业效益和自身的发展达到双赢的状况。但是不恰当的激励会挫伤员工的积极性,从而也

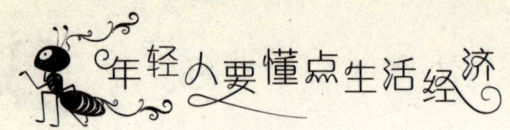

不会使企业的效益得到提高。所以人们运用激励时必须遵循一定的原则，注意激励的持续性和具体的运用环境及效果等。年轻的你如果创业了，一定要懂得利用恰当的激励来激发员工的工作积极性。

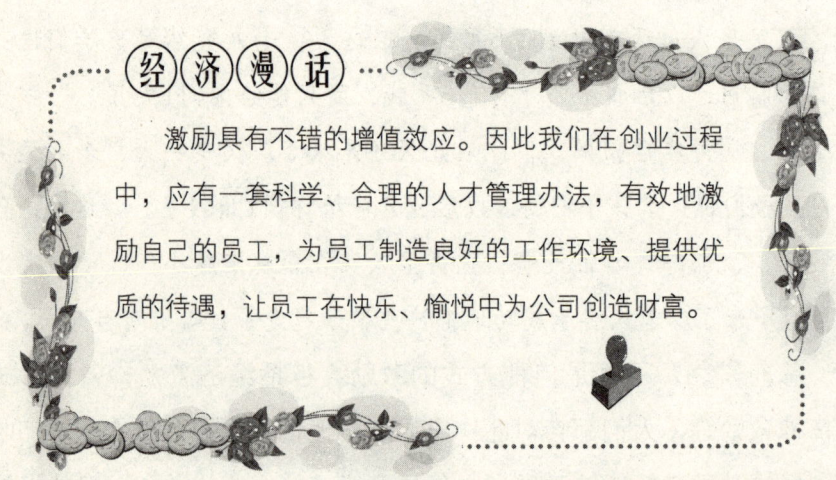

经济漫话

激励具有不错的增值效应。因此我们在创业过程中，应有一套科学、合理的人才管理办法，有效地激励自己的员工，为员工制造良好的工作环境、提供优质的待遇，让员工在快乐、愉悦中为公司创造财富。

第 6 章
Chapter Six

年轻人应该了解的经济热点

点击网络新闻，打开电视，翻开报纸，首先映入我们眼帘的便是各种类型的经济热点。这些经济热点都在一定程度上影响着我们的生活，因此，关于这些经济热点，我们最起码也要有个大致的了解。

流动性过剩：钱为什么不值钱

  上幼儿园时，手里有1角钱，我们感到很幸福；上初中时，手里有1元钱，我们感到很满足；上高中时，手里有十几元钱，我们感到很知足；上大学时，手里有个一两百元钱，我们就感到很安全了；而工作后，手里只剩几百元时便要开始勒紧裤腰带了……钱，真是越来越不值钱了。其实，这都是流动性过剩惹的祸。

  "流动性过剩"来源于外国市场，英文全称为Excess Liquidity。在宏观经济分析中，流动性过剩通常指的是一种货币现象，即经济体系中货币的投放量过多，通俗地说就是短期市场中流通的现金太多了。这些多余的资金往往会使人们到处寻求投资出路，从而导致经济过热、通货膨胀等现象，也就是我们常说的货币贬值、物价上涨。打个比方说，现在有只值100元的物品，按理说国家发放100元钱就够了，但国家最后却发放了150元的钱。于是，人们使用150元钱买了只值100元的物品，导致原本只值100元的物品就值150元了。因此，我们说流动性过剩是导致现在钱越来越不值钱的原因之一。

  在20世纪20年代初，德国市场货币流动性严重过剩，从而导致了历史上最严重的通货膨胀现象，使当时的纸币马克几乎变得一文不

年轻人应该了解的经济热点

值。有这样一个经典的镜头为证。

某日,一位妇女要去购买一些食品,便推着一辆满载纸币的手推车出发了。谁知,当她在街头行走不久时,一个小偷趁她不注意抢过其车,并迅速卸掉了满车的马克,然后拉着空车狂跑……

这个镜头听起来似乎不可思议,货币居然能贬值到那种程度!回到80年后的今天,流动性过剩再度被人们热提,因为它已成为我国经济乃至世界经济的一个重要特征,并首次出现在我国2007年政府工作报告中。虽然我国的流动性过剩远远没有当年德国程度之深,但也有较惊人的表现,如在金融界主要表现为货币数量增幅过大和存贷差过大;在房地产行业主要表现为房价持续走高,甚至出现严重泡沫;在股票市场主要表现为上证指数狂涨,如从2005年5月到2007年5月,上证指数从1000点左右上升到了4300点左右。

流动性过剩虽然类属宏观经济学,听起来似乎很遥远,但由于其导致我们的钱不值钱,因此和我们的日常生活息息相关。"我在马路边,捡到一分钱,把它交到警察叔叔手里边……"这是20世纪80年代在中国流行的一首质朴的歌曲。20世纪80年代后的你,记忆深处也一定会有它的影子吧。可是现在,路上出现一分钱时,再也没有人去捡了,因为它什么也买不到。而且更重要的是,一分钱似乎要退出中国货币流通市场了。不只是一分钱,一角钱甚至是一元钱都似乎也要被淘汰了。想想看,现在一角钱、一元钱都能买什么?一角钱就不用说了,能买的东西少之又少,大多只是充当找零的配角。那么一元钱呢?它虽然可以买到一些东西,但这些东西几乎可以数过来:一个烧饼、一碗稀饭、一杯豆浆、一个麻球、一个卤蛋、一串烤串、一根特普通的冰棍、三个小得像汤圆似的煎包、一份报纸、一本小本、一枚游戏币、少数没有空调的公共汽车车票等。可见,一元钱,我们儿时

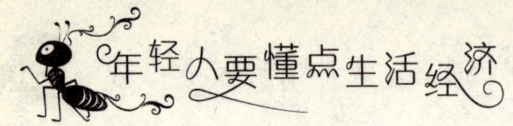

好几天的零食费已在不断地贬值。

不光是一角、一元，就连一百元钱也在贬值。对于20多岁的我们来说，100元恐怕还不够五天的伙食费，如果买点额外的东西，100元还可能不够花一天。

今年7月，璐璐大学毕业了，并很快找到了一份自己喜爱的传媒工作。但令璐璐痛苦的是，现在钱太不值钱了，自己还没赚到钱，钱就已花得如流水般。这天，璐璐又在唠叨100元钱也太不禁花了。其实，她也没怎么奢侈，早上买了个鸡蛋灌饼花了1.5元，一袋2.2元的纯牛奶；坐公交时因交通拥挤而半道打车到公司，花了20元；中午吃了份过桥米线，花了12元，之后买了张50元的手机充值卡；晚上和一位朋友吃新疆大盘鸡时，尽管是AA制，璐璐该付的15元钱还凑不够呢。

璐璐的痛苦和唠叨，相信我们很多人都曾有过吧。最近，电视剧《蜗居》之所以会热播，有一个重要的原因是因为它道出了人们面对各种开支时深感钱不值钱的巨大痛苦和彷徨，其中，有这样一段关于主人公海萍的独白。

"有多少人，就有多少种生活，别人的生活我不知道，而我呢，每天一睁开眼，就有一连串数字蹦出脑海：房贷6000元，吃穿用度2500元，冉冉上幼儿园1500元，人情往来600元，交通费580元，物业管理费340元，手机费250元，还有煤气水电费200元……也就是说，从我苏醒的第一个呼吸起，我每天要至少进账400元，这就是我活在这个城市的成本。这些数字逼得我一天都不敢懈怠，根本来不及细想未来十年，我哪有什么未来，我的未来就在当下，在眼前……"

不久前，网上曾一度盛传我国将发行500元、1000元的大面额钞

票。虽然专家已经宣布，网上消息纯属谣言，但这不得不让我们想象，如果流动性过剩一再持续，人民币一再贬值，或许在不久的将来，像500元、1000元这样的大钞真的会出现。

我们已经知道，钱不再值钱了是由流动性过剩造成的。但流动性过剩又是由什么导致的呢？据专家分析，流动性过剩出现的原因主要有两方面：一是我国对外贸易长期顺差，出口企业不断把赚来的美元兑换给国家，这样国家就不断向经济体系投放更多的人民币；二是我国长期出现高储蓄率和低消费率，导致市场上流通的人民币过多。

如今，流动性过剩已成为我国乃至全球一种实实在在的现象，而且在短期内难以消除。那么，钱将什么时候再值钱呢，看来我们只有等待了。

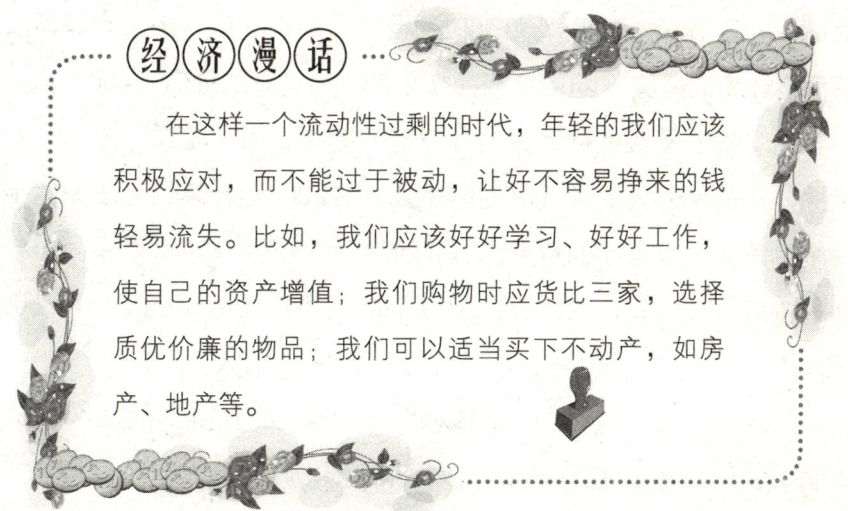

经济漫话

在这样一个流动性过剩的时代，年轻的我们应该积极应对，而不能过于被动，让好不容易挣来的钱轻易流失。比如，我们应该好好学习、好好工作，使自己的资产增值；我们购物时应货比三家，选择质优价廉的物品；我们可以适当买下不动产，如房产、地产等。

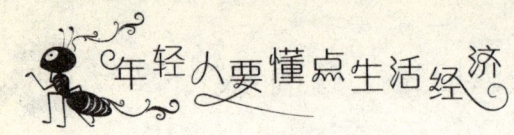

CPI：持续高涨下的抉择

2007年，在中国投资股民、基民之间乃至网络上流传着这样一句话："你可以跑不过刘翔，但是你一定要跑赢CPI。"CPI即消费者物价指数，几年来，我国CPI持续高涨，大多数人不知该怎么办，抢购、储蓄，抑或是寻求其他的出路？

"消费者物价指数CPI（Consumer Price Index）也叫居民消费价格指数，它是一种反映消费者支付和生活相关的商品和服务的价格变动指标。我们首先来了解一下CPI的计算公式：CPI=一组固定商品按当期价格计算的价值/一组固定商品按基期价格计算的价值×100％，其中"当期"指的是要进行计算的那个时间单位，而"基期"是一个对比时期，指的是过去的某一时期。例如，在2008年，某国普通家庭平均每个月购买一组商品的费用为1000元，而2009年该家庭购买同一组商品的费用为1200元，则该国在2009年的CPI为：CPI=1200/1000×100％=120％。

从以上公式可以看出，CPI越大，则说明当时的物价越高；反之，则物价越低。基于此，CPI便可以用来衡量一个国家的通货膨胀水平，即CPI的增幅一旦超过3％，则表示通货膨胀；而当CPI的增幅超过5％

年轻人应该了解的经济热点

时，则表示通货膨胀较严重。在我们日常生活中，人们往往比较关心通货膨胀率，也就是物价平均水平的上涨速度，其公式为：通货膨胀率=（当期消费者物价指数－基期消费者物价指数）/基期消费者物价指数×100%。还是沿用以上的例子，若2010年该国购买同一组商品的费用为1500元，则该国在2010年的CPI为：CPI=1500/1200×100%=125%，那么该国在2010年的通货膨胀率为：通货膨胀率=（125%－120%）/120%×100%=4.2%，也就是说该国在2010年的平均物价上涨了4.2%。

CPI度量的是一组和居民生活息息相关的具有代表性的商品和服务项目的价格变化情况，在我国，CPI调查的内容包括八大类，即食品、烟酒及用品、衣着、家庭设备用品及服务、医疗保健及个人用品、交通和通信、娱乐教育文化用品及服务、居住。

从2007年起，CPI就已成为我国经济的热点议题。全年CPI上涨4.8%，其中12月份上涨高达6.5%。究其原因，主要是因为我国猪肉、蔬菜、食用油等商品的价格出现猛涨。一些居民担心日后物价还会继续上涨，便开始纷纷进行抢购，不管商品有没有打折或特价，当然，打折或特价时，抢购之风更甚。

2007年11月15日下午，北京某超市猪肉大特价，19.6元一千克，但是每人每次只能买1.5千克。很多顾客为了买到便宜货，便多次排队买，一位居住在附近的刚新婚不久的刘先生就排队买了三次。据悉，刘先生在某家私企做小职员，大学毕业还不到两年，他的工资和爱人的工资加起来还不到4000元，日子过得较节俭，但因为担心日后猪肉继续上涨，刘先生忍痛在一天之中买了4.5千克猪肉。此外，李某在9月份，分批购买了5桶油和5袋大米，而到11月15日时，一桶油的价格就比他当时买的价格贵了20多元钱，每千克大米的价格也上涨了1.2元钱。

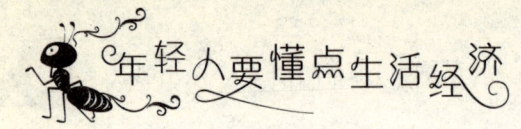

面对物价的狂升，不少居民选择了和刘先生类似的办法，纷纷抢购，备足日常消耗品。但更多的人则采取了储蓄的办法。据北京美兰德信息公司2007年的调查报告中显示，在个人月薪低于2 000元以下的人群中，约有87.9％的消费者表示对物价持续上涨感到特别忧虑。其中，约10.1％的消费者通过多抢购、多储备日常用品的办法来应对物价狂涨，而表示愿意采取节约、节省日常开支，也就是加大储蓄的办法来应对物价上涨压力的消费者高达63.6％。

2008年，CPI仍高烧不退，而且到达了一个新的高度，尤其是在2月，增幅达到了8.7％，创11年来最高纪录，同时期的食品物价涨幅也达到了23.3％的惊人程度。后来，随着金融危机及国家宏观调控的影响，全国物价有所下降，CPI也逐渐"退烧"，但整体水平还是比较高的。2009年，由于金融危机及国家宏观调控的进一步影响，物价水平一路走低，CPI增幅逐月出现负值，但我国为了刺激经济增长而推进资源产品价格改革，在11月及12月，物价出现上涨，CPI也同步上涨，其中，11月CPI上涨0.6％，增幅首次从负转正，12月增幅更大，为1.9％。2010年，CPI虽在1月份略微下调，为1.5％，但从2月起，仍持续升温，当月为2.7％。当CPI在2010年4月涨幅达到2.8％时，便预示负利率时代已经到来，因为当时一年定期存款利率为2.25％，因此，存款利率就相当于降低了0.55％。打个比方说，如果你将1000元钱定期存入银行，一年后，当你取回存入的本金及利息时，你就相当于损失了5.5元钱。在这样一个负利率的时代，人们消费不是，储蓄也不是，左右为难。这时，越来越多的人便开始寻找出路，如投入股市、基金、黄金等，但这些市场行情都不太好，稳赚的机会非常小。

2010年5月10号，北漂的小雯领到了她大学毕业后的第20份工资。虽然已经一年半多了，但是她的工资也没涨多少，总也突破不了

年轻人应该了解的经济热点

3 500元。面对物价的上涨，小雯一发工资便去银行储存，平时也捂紧钱袋子，这样每个月还能剩1 000多元。这天，小雯下班后又准备去银行存钱了，可是她突然觉得这样下去也不是办法，钱什么时候才能攒起来，而且负利率时代已经到来，钱将来是要贬值的。一个念头不知怎么跳进了小雯的脑海里，那就是炒股，让钱生钱。虽然她以前也了解过一些股票的基本知识，但是小雯从来都没有炒过股。第二天，小雯便抽空去光大证券开了户，并在当天下午一点半左右以9.94元/股的价格买进了一支股票。小雯可不是瞎买的，她也知道，最近股市行情不太好，但这股票在前五天已经拉了四根阳线，前一日还收了个十字星，后市看涨的可能性较大，因此，小雯期待第一次炒股能给她带来意想不到的收获。但令小雯失望的是，在她买进股票后，股价便迅速下跌，最后以一根较长的阴线收盘。次日，股价低开低走，最后仍收出一根长长的阴线。此后的几天，该股走势都不太好。小雯害怕自己的资金被套，便在5月18日上午收盘前几分钟以7.83元/股的价格将股票抛了。短短的6天时间，小雯就损失了1 000多元，这对于一向节俭的小雯来说，无疑是个很大的打击。

　　小雯可真够惨的，本想在股市中大赚一笔，没想到还把1 000多块钱搭进去了，真是赔了夫人又折兵。其实，在我们身边，有很多像小雯这样的人，他们一般都是怀着憧憬的心情投资股市，但最后一般都揣着绝望的心情而出。造成这种现象的原因较复杂，但其中有一个很重要的原因是由于CPI的持续高涨，国家便采取加息政策以抑制CPI上涨，但加息将会大大抑制资金的流动，从而严重影响股价的估值水平。

　　那么，CPI为什么会持续高涨？当然是由于物价出现了上涨。但是，具体是什么物品最初上涨而带动整个物品的上涨，进而引起CPI上涨的呢？这里有个很经典的小故事：

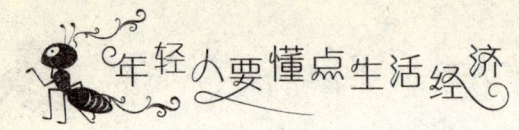

一个人买粮食时对卖粮食的抱怨粮食太贵了,卖粮食的则说,因为面粉价格上涨了。卖面粉的听到了,则说,因为油条和面包价格上涨了。而卖油条和面包的则说,因为他们喜欢吃猪肉,而猪肉价格暴涨,他们不得不提高油条和面包的价钱来买猪肉。这话又被卖猪肉的人听见了,便说,因为生猪价钱飙涨,所以肉也就贵多了。而养猪大户则说,因为粮食贵了,养猪的成本提高了,所以生猪也就贵了。

说来说去,层层道来的原因却竟然是结果。那CPI上涨的最初根源到底是什么呢?不少人认为,其根源在于房地产业的猛涨。因为房地产业可以说是我国经济全面增长的重要动力之一,它的上涨不仅会加速我国城市化进程,促进经济发展,还会逐渐带动我国50余个相关产品价格的上涨,进而带动整个商品市场的价格上涨。

年轻,是我们的资本,是我们努力打拼、积累财富的大好时光,而CPI的持续高涨,无疑是我们积累财富道路上的一大阻碍。因此,年轻的我们应积极关注CPI的走势变化,积极适应国家的政策调整。

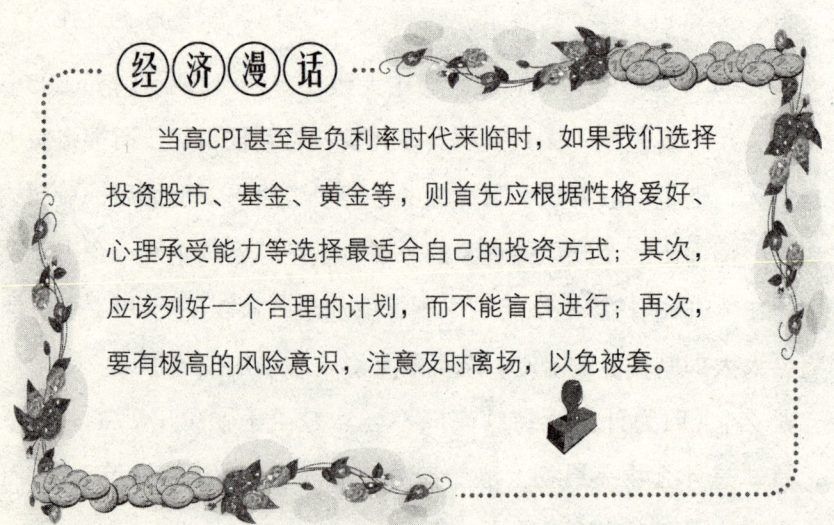

经济漫话

当高CPI甚至是负利率时代来临时,如果我们选择投资股市、基金、黄金等,则首先应根据性格爱好、心理承受能力等选择最适合自己的投资方式;其次,应该列好一个合理的计划,而不能盲目进行;再次,要有极高的风险意识,注意及时离场,以免被套。

次贷危机：金融界的大炸弹

贷款和失业对于美国来说，均是一种常见的现象。而当贷款邂逅了失业，便产生了次级抵押贷款，即贷款机构向收入不高且信用程度较差的人提供的贷款。后来次级抵押贷款的衍生品进入了全球市场，但次级抵押贷款却出现了危机，全球金融危机便由此爆发，给全世界带来了极大影响。

美国老太太和中国老太太的故事大家应该知道吧。

美国一位老太太和中国一位老太太死后相遇了，中国老太太说："我辛辛苦苦攒了30年的钱，到老时终于买了一套舒适的大房子。"美国老太太则说："我舒舒服服住了30年的大房子，到老时终于还清了全部贷款。"

两位老太太的生活方式代表着各自国家的生活方式。的确，在美国，贷款是十分普遍的现象，人们不仅贷款买房子、买车，还贷款支付透支的信用卡甚至是电话账单等。然而，失业对美国来说，也是十分常见的现象。那么，一些因为失业而导致收入不稳定甚至没有收入的人该怎样买房呢？他们当然也是贷款。只是由于这类人收入不稳定甚至没有收入，信用等级达不到规定的标准，因此他们申请不到优

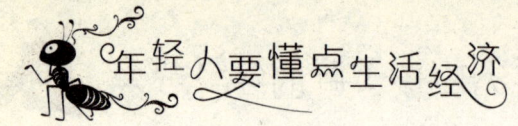

惠级抵押贷款，而只能在次级市场上申请次级抵押贷款。但次级抵押贷款的利率通常要比优惠级抵押贷款的利率要高，因此，对于贷款机构来说，次级抵押贷款是一种高收益、高风险的投资。其实在美国，按揭贷款分三个层次。优质贷款市场为第一个层次，面对的是信用分数在660分以上的优质客户，主要提供传统的15～30年固定利率按揭贷款。而我们所说的次级抵押贷款，是属于第三个层次次级贷款市场的，这个市场针对的是没有收入证明与负债较重的人，信用分数低于620分，对这类人主要提供3～7年的短期贷款。那么介乎前两者之间的贷款则是属于第二层次的，为"另类A级"抵押贷款市场。随着时间的推移，次级贷款款额在美国急剧上升，据调查，在1998～2006年间，美国次级贷款款额占总贷款比例达到了15%。

从事次级抵押贷款的银行为了尽快回笼资金及转移风险，便在抵押房屋的基础上，将次级贷款证券化，即将次级贷款以债券的形式发行，简称为"次级债"（MBS）。当然，次级债的利率也要高。也正因为其利率较高，很多国际机构，如投资银行、对冲基金便纷纷买入该债券。而一些富有求新求变意识的投资者买入次级债后，将次级债转化为次级抵押证券（CDO），并发行到全球金融市场。当全球的保险公司和套利基金（投资基金的一种形式）买入该证券后又将其卖出，该证券的风险便在全球蔓延开来。

次级抵押贷款带来的高收益是建立在房价不断上涨的基础之上的。因为房价如果不断上涨，即使次级贷款者的违约率较高，放出去的贷款收不回，但银行却可以把抵押的房子收回来，然后再次卖出去，还是能赚钱。

而在2006年，美国房价开始出现下调，此后持续走低，次级贷款者违约率上升，而从事次级抵押贷款的银行所收回的钱远远低于当时

年轻人应该了解的经济热点

的贷款加利息的总额，这样，银行便出现了亏损，久而久之，便会面临倒闭的危险。这必然会影响这些银行发行的债券MBS以及由该债券转化而来的证券CDO，造成MBS和CDO大幅震荡走低，从而使买入这些债券和证券的机构也随之出现亏损。又由于证券CDO在全球金融市场流通，因此，全球亏损一片。这便是风靡一时的次贷危机了。下面我们来具体阐述一下次贷危机。

次贷危机全称次级房贷危机（subprime lending crisis），也叫次债危机，是当今国际上一个热点词汇。次贷危机指的是美国因次级抵押贷款机构破产而导致的投资基金被迫关闭、股市巨幅震荡等金融风暴。次贷危机始于2006年春季，并于2007年8月开始席卷美国、欧盟和日本等世界主要金融市场，造成这些金融市场出现流动性不足的危机。

次贷危机极大冲击了美国及全球经济。例如，2007年3月13日，美国第二大低级抵押贷款机构——新世纪金融宣布破产危机，使纽约股市受到重创，股指当日下跌242.42个点，跌幅为1.97%，为6年来的第二大跌幅；2007年8月2日，德国工业银行宣布濒临破产，后来还估计出亏损额高达82亿欧元；2007年10月30日，欧洲资产规模最大的瑞士银行资产严重亏损，整个秋季亏损累计达到8.3亿瑞郎，为5年以来季度亏损最大值……

作为全球经济的重要参与方，中国经济也遭受到了次贷危机的严重影响，如我国的出口受到严重冲击，造成我国经济迅速下滑，企业用工需求急剧减少，我国的就业大道瞬间亮起了红灯。这一红灯信号使各大企业大幅裁员，令无数人突然失去工作，也令无数即

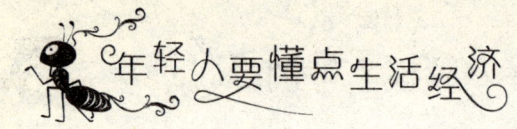

将走上工作岗位的大学生陷入了无限的忧虑之中。

2009年9月30号,对于工薪一族来说,是个令人高兴的日子,因为要过"十一"长假了。但这一天,对于某证券公司25岁的客户经理林逸来说,却是个令他伤心的日子,因为他被公司炒鱿鱼了,原因很简单,也很客观,那就是受金融危机的影响,中国股市持续下跌,公司经营每况愈下,不得不大幅裁员。10月1日,林逸没有像其他年轻人那样外出游山玩水,而是老老实实待在家里,整天盯着电脑,不断翻找招聘网页。但是,令他失望的是,证券行业招聘的信息少之又少,有的也只是打杂之类的活。此后的几天,林逸郁郁寡欢,觉得自己毫无前途。眼瞅着"十一"长假就要过完了,工薪一族也要开始回去上班了,林逸更是急得如热锅上的蚂蚁。于是,他决定放弃自己的证券行业,另找其他的行业。他陆陆续续向其他一些专业招聘网投了简历,如招会计的、招超市经理的、招保险经纪人的等等。但几天过去了,一份份简历都如石沉大海,毫无音信。约一个半月后,也就是11月中旬,市会展中心有大型人才招聘会,近乎绝望的林逸决定去碰碰运气。穿上西装、打好领带,揣着彩印简历,林逸重拾自信出发了。但他又一次大受打击,招聘现场企业寥寥无几,且基本上都是私企,而且跟他压根没什么联系,什么对外汉语教师、瑜伽教练、高级面点师等。绝望了,林逸彻底地绝望了。他能做的只是在绝望中等待自己重生的机会……

其实,林逸的个人条件相当不错,他拥有扎实的证券专业知识,在22岁大学毕业那年就已经拿到了国家证券从业资格证,并在两年后

年轻人应该了解的经济热点

拿到了高级证券分析师证书,但他的命运就是很不济。唉,都是美国次贷危机惹的祸。那时,我们中应该有很多个林逸吧。

如今,次贷危机已渐渐离去,但其影响是复杂而深远的。我们年轻人应该居安思危,用全面的知识武装自己,时刻为突发的危机做好最充分的准备。

经济漫话

诚然,次贷危机给我们的就业带来了很大的影响。但它同时也是我国就业道路上的一大警钟,使我们时刻保持清醒的头脑,不断地提高自己,而不能被眼前的成就冲昏头脑,不能让现存的荣誉蒙蔽双眼。

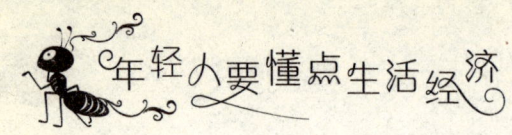

低碳经济：经济与环境的共赢

近两年来，作为一种经济与环境共赢的经济模式，低碳经济越来越受到世人的关注。特别是2010年3月我国"两会"召开后，低碳经济频频在新闻媒体"曝光"，瞬间成为了我国家喻户晓的热点词汇。

低碳经济是指在坚持可持续发展理念的原则下，通过能源技术创新、制度创新、产业转型、新能源开发等多种手段，尽可能地减少煤炭、石油等高碳能源消耗，以低能耗、低污染、低排放为标准，达到经济社会发展和生态环境双赢的经济发展形态。低碳经济是全球经济发展必然选择的经济模式，是国际社会在努力应对人类大量消耗化学能源、大量排放二氧化碳、二氧化硫等有害气体而引起全球气候异常的大背景下提出的。

低碳经济首次被正式提出于2003年的英国能源白皮书《我们能源的未来：创建低碳经济》。但提出后的几年，低碳经济并没有得到国际社会的充分关注。直到2006年世界金融危机爆发后，低碳经济才渐渐成为世界瞩目的焦点，全球每年都有关于低碳经济的文件发出。对于中国来说，真正对低碳经济给予高度重视则始于2008年。据统计，

年轻人应该了解的经济热点

2008年中国碳排放量竟高达60多亿吨，为世界之最。专家还预测，在未来20年内，中国碳排放量平均每年将以2.7%的速度增长，仍居全球之首。这样醒目的数字以及金融危机的影响，使中国不得不努力发展低碳经济。如今，两年过去了，低碳经济渐渐成为中国经济界乃至政治界的热点问题。

2010年3月3日，全国政协十一届三次会议的"一号提案"谈到了低碳经济，低碳经济随即成为"两会"中的一大热点议题；2010年4月10日～11日，"2010中国低碳经济论坛"召开，该论坛是由国际绿色投资学会、金融时报、美通社（亚洲）、国务院发展研究中心金融研究所等携手举办的，以"低碳城市、低碳产业、低碳金融"为主题的国际低碳经济盛会；2010年4月22日，即第41个世界地球日，我国把"珍惜地球资源，转变发展方式，倡导低碳生活"作为主题。

在低碳经济的发展模式中，其理想的发展形态为"阳光经济"、"风能经济"、"氢能经济"、"生态经济"以及"生物质能经济"等。但理想是美好的，现实却是残酷的。如在阳光及风能经济方面，人类目前利用太阳能发电的成本非常高，为用煤、水发电成本的5～10倍，用风能发电的成本也远远高于用煤、水发电的成本；在氢能经济方面，虽然氢能燃烧的产物仅为水，被认为是世界上最清洁的能源，但氢能属于二次能源，要从太阳能、风能等一次能源中提取出来，而太阳能、风能的开发尚且存在困难，开发氢能的困难更是可想而知。

低碳经济的实现不仅是国家的事，更是全民的事。也就是说，低碳经济不仅意味着要开发新能源，还意味着人们要改变不良的生活习惯，时刻以低能耗、低污染、低排放为标准，走低碳生活道路。这就要求人们少用甚至不用一些"便利消费品"、"奢侈消费品"，如空调、冰箱、一次性筷子、塑料袋、电梯、私家小汽车等。你们知道

年轻人要懂点生活经济

吗?少用甚至不用这些消费品,将大大减少碳的排放量。拿塑料袋来说,如果全国塑料袋的使用减少10%,用于生产塑料袋的煤便可减少1.2万吨,相应的,能耗过程中产生的二氧化碳要减少31万吨。再如开私家车,如果少开1公里,便可减少0.22千克的碳排放量;还有乘用电梯,若少乘一次,便可减少0.218千克的碳排放。

随着国家对低碳经济的频频宣传,低碳生活模式正受到越来越多人的追捧。"今天,你节省了多少碳?"这是豆瓣网和搜狐旗下网站白社会"绿光森林"讨论组里一群"环保达人"的灌水话题。在这里,网友们用详细的清单列出自己平日生活中小细节的排碳量,并将自己的减碳成果晒于网上。

26岁的网友妞妞是搜狐白社会的一员,低碳元素几乎贯穿了她工作生活中的每一天,每一个环节。如早上刷牙时,她接完满杯的水便关上水龙头,等要用水时再将其打开;洗脸时,她一般用脸盆接水洗,洗完后的水继续留着,用来冲洗卫生间;早上冲牛奶时,她用的是玻璃杯而不是一次性纸杯;骑自行车到公司后,她爬楼梯到了公司所在的8层;中午去单位食堂吃饭时,她带上自己的不锈钢饭盒和小勺子等。她不仅要求自己低碳生活,而且要求别人也低碳生活。一次,她和同事去附近的一家超市买西瓜吃,建议同事买本地产的西瓜,可是很不巧,这天超市里的西瓜都是外地的,为此,妞妞便和老板大吵起来,责问老板为什么不进本地西瓜,并郑重其事地告诉老板,做生意也要讲究低碳,本地西瓜与外地西瓜相比,运年轻人应该了解的经济热点

输过程短得多,因而耗费的能源也就少得多。

因为国家的宣传,因为人们的追捧,"低碳"就这样走进了人们的日常生活中。而且特别有意思的是,随着低碳经济、低碳生活的宣传与深入,低碳婚姻也渐渐兴起,并发展成为一种时尚和一种浪漫情调。如用公交车、三轮车甚至是自行车当婚车,而且婚礼的排场和酒席也非常低碳。

2010年2月11日上午10点左右,在长沙一寺庙附近的素菜馆前面,停着好几辆"花枝招展"的公交车,这些公交车吸引着无数行人。原来,这些不是普通的公交车,而是婚车。此时,新郎李某和新娘刘某正在素菜馆中举行着一场别开生面的婚礼。只见鞭炮"噼里啪啦"响过后,没有留下半点垃圾及烟尘,原来这是一种电子鞭炮。不久后,酒席开始了,排场较小,仅10桌,每一张餐桌上仅12道菜,而且全是用蔬菜、豆制品或面料做成的,如其中的一道菜"竹香全鱼","鱼肉"为豆制品,"鱼皮"则为紫菜。酒席过后,新郎给每人一张纸巾,一份喜糖,更有意思的是,还给每人一套中华养生保健光碟。

看来,低碳经济已渐渐深入民心了。2010年7月14日在福建莆田召开了中华环保世纪行宣传活动动员大会,据悉此会宣传活动的主题是:"推动节能减排,打造滨海宜居城市",此会大力宣传了各行业推动低碳经济发展的成效和经验,加大了环境保护监督的工作力度,督促节能减排目标任务的落实。发展低碳经济,民众的功劳不可磨灭。联合国环境规划署执行主任阿西姆·施泰纳曾说:"在二氧化碳减排过程中,普通民众拥有改变未来的力量。"作为普通民众的我们,或许无力发展什么"阳光经济"、"风能经济"等,但我们可以时刻保持低碳的生活方式,如果你做不到,如少

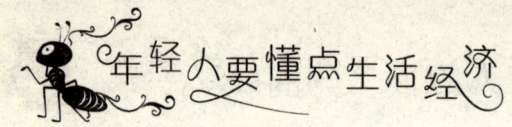

开私家车等来减少碳的排放量，但是像爬楼梯或者拒绝使用一次性筷子等这些小的不能再小的事，你一定可以做得到。低碳的生活方式，应该是我们每个人都推崇的。让我们减轻碳的排放量，为保护地球的容颜贡献自己的力量吧。

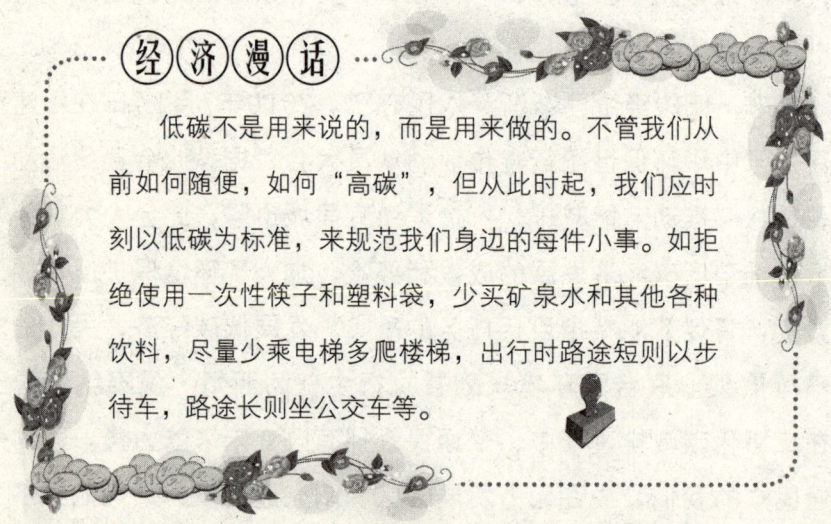

经济漫话

低碳不是用来说的，而是用来做的。不管我们从前如何随便，如何"高碳"，但从此时起，我们应时刻以低碳为标准，来规范我们身边的每件小事。如拒绝使用一次性筷子和塑料袋，少买矿泉水和其他各种饮料，尽量少乘电梯多爬楼梯，出行时路途短则以步待车，路途长则坐公交车等。

去杠杆化：金融路径的"修正"

在金融危机爆发后，美国乃至全球一些靠大力举借外债来进行投资，即杠杆化的企业或机构出现了严重亏损。这些企业或机构为了力挽狂澜，便采取了逆向操作的手法，即"去杠杆化"。作为一种对金融路径的"修正"，"去杠杆化"是继金融危机爆发后在全球掀起的另一场风波。

从前，在一偏远的小镇上，一家小餐馆雇了一个身强体壮的人。这个人力大无比，动作迅速，也很勤快，一个人能干五个人的活，而且特能吃喝，顾客往来不断。老板非常高兴，心想，这人也雇得太值了。可是，就是有一点，这个人饭量特别大，一顿饭能吃平常人的五倍，而且所要求的工资也要高些。老板仔细权衡了一下，还是觉得挺值的，多吃点也花不了几个钱，工资多点也没什么，要是请普通的五个人，还要多出五份工钱呢，而且也不见得会招揽生意。一个月、两个月过去了，餐馆的生意红红火火，老板的钱袋一天天地饱满起来。但突然有一段时间，不知发生了什么事，附近的人们渐渐都搬走了，餐馆的生意也每况愈下。那个身强体壮的人再也不用干多少的活了，但是，他照样吃同等分量的饭。几天过去了，老板觉得自己亏极了，

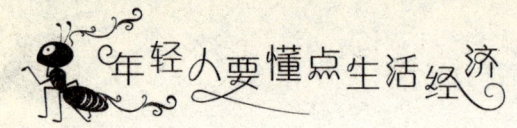

心想，照这样下去，非把饭店吃穷不可。于是，老板为了避免更大的损失，便把这个人解雇了。

这位身强体壮的人曾为餐馆带来了非常大的收益，但是，当客观环境恶化后，他的能力释放不出来，但他的饭量依旧很大，于是，他对餐馆的负面影响便慢慢扩大，后来，老板不得不把他开了。其实，我们要说的"去杠杆化"便类似这一故事。

杠杆是个物理学名词，指的是在力的作用下可以围绕某个固定的点转动的坚硬物体。在经济学中，杠杆被很多经济学家借用，便成为经济学的专有名词，如杠杆效应、杠杆比率、杠杆融资、杠杆收购等。而至于"去杠杆化"，则是新近出现的经济学的热点词汇，是金融危机冲击下的产物。

"去杠杆化"是在"杠杆化"的基础上提出的。"杠杆化"是指当资本市场运作稳定时，一些企业或机构通过举借外债进行投资运作，以较少的资金成本来获取高额利润。"杠杆化"在金融危机爆发前被大多企业或机构广泛采用，尤其是投资银行。这类企业或机构的利润往往很高，但潜在的风险也很大。因此，随着金融危机的不断升级，"杠杆化"的风险急速扩大，甚至导致了严重亏损，采用"杠杆化"的企业或机构因此纷纷倒闭。基于此，经济专家提出了"去杠杆化"。所以说，"去杠杆化"是个和"杠杆化"性质相反的词语，指的是企业或机构调整资产负债表，把当初通过各种方式借到的钱全部退还或者解除那些组合复杂、杠杆十分高的投资工具的过程。在一些人看来，"去杠杆化"不仅是时下的经济热门词汇，还将是未来时代的主题词，因为它预示着全球金融市场发生的重大变化，是对过去30年来全球金融发展路径所作的一次"修正"。

那么，"去杠杆化"究竟是如何影响全球金融市场的呢？美国债

年轻人应该了解的经济热点

券之王比尔·格罗斯给予了以下观点：①目前全球金融市场正处于"去杠杆化"的过程中，"去杠杆化"将造成大部分资产价格下调，比如说钻石、黄金、粮食等；②美国采用"去杠杆化"后，美国三大主要资产类别，即债券、股票和房地产出现整体下跌；③金融市场进入"去杠杆化"阶段后，市场波动水平、流动性利差、风险利差等都会呈现上升趋势。更重要的是，这一过程是个相互影响、相互制约的过程。例如，某一投资者如果突然发现次贷存在风险并立即解除其在次级债券上的投资杠杆时，便会影响到持有该债券的其他投资者，以及与该债券有关联的其他债券等，随着范围的逐渐扩大，便会影响到整个金融市场。

但说到底，"去杠杆化"的内容是十分复杂的，其形式也是不断演变的。一般来说，"去杠杆化"的演变过程主要有以下五个阶段。

第一阶段："金融产品的去杠杆化"。当金融市场处于繁荣时，衍生结构性金融产品便会在众多证券化的资产基础上纷纷涌现，如CDO（担保债权凭证）、CDS（信用违约掉期）等。这些金融衍生品一般是在次级贷款的基础上产生的，随着美国房贷违约率的上升及房地产价格的下调，这些衍生品的价格也势必会出现下滑走势。而这些衍生品一般能够放大其内在价值的变化，也就是价格杠杆十分强，因此其造成的损失极大，很容易被迫退出市场。目前，"去杠杆化"已完全走过了这一阶段。

第二阶段："金融机构的去杠杆化"。当衍生结构性金融产品大量出现后，大量金融机构，包括投资银行和商业银行，便会纷纷购

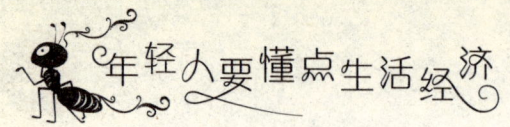

买这些杠杆化的金融产品。由于利率出现下调及流动性十分充裕,这些金融机构的资金,包括投资银行在短期资金市场(如票据等)上的融资及商业银行吸收的存款等融资成本就比较低。但是,又由于衍生金融产品价格不断下滑,给这些金融机构造成了巨大的损失,使其不得不减少不良资产(不良贷款,也就是不能按期收回的贷款)的投入,且极力减少风险类资产在资产负债表中的暴露。

第三阶段:"投资者的去杠杆化"。第二阶段的"金融机构的去杠杆化"使金融机构的中介功能受到严重影响,主要表现为信贷成本突然大幅提升。这就增加了一些长期依靠金融机构来获得短期资金来源的机构投资者(如对冲基金等)的借贷压力,迫使其大量出售手中持有的资产,特别是一些风险较高的资产,以此来获得足够的现金。这一阶段基本是和第二阶段同步进行的。

第四阶段:"消费者的去杠杆化"。当对冲基金等机构投资者被迫大量出售持有资产时,市场上的同类资产价格便会下跌。英美家庭的大多消费者为了缓冲家庭净资产的价格下跌,便增加储蓄或减少外债,这就使消费者的消费水平出现萎缩,加剧了经济基本面的恶化。

第五阶段:"全球经济的去杠杆化"(也叫"去全球化")。由于消费者的消费放缓,经济基本面出现恶化,世界各国政府便采取了各种措施刺激经济,拉动消费。但不管是何种措施,各国政府都要求本国的财务支出都应用来购买在本国制造的产品,而不能购买他国制造的产品。各国政府的地方保护主义,便加速了"去杠杆化"的进程，使其进入第五阶段也是最后一个阶段，这就是"全球经济的去杠杆化"，业界人士也称之为"去全球化"。

"去杠杆化"对中国经济有一定的影响，但每一阶段的"去杠杆化"的影响程度不同。

第一阶段，也就是"金融产品的去杠杆化"对中国经济影响最小。因为中国大部分的对外金融投资都比较保守，投资形式基本上都是中央银行外汇储备投资，而不会轻易涉足那些杠杆性强的金融衍生品。

第二阶段和第三阶段，即"金融机构的去杠杆化"和"投资者的去杠杆化"对中国的影响也比较小。因为中国金融机构还没有完全打开对外开放的大门，对外开放的业务及程度十分有限，而且在中国市场上，外国金融机构的投入额及在金融中介中起的作用都较小。此外，中国对外贸易长期为顺差，外汇储备较多，不再需要外部的资金。需要指出的是，第二阶段对我国国际商业银行造成了较严重的影响，主要体现为我国国际商业银行在缩减资产负债表规模时，贸易信贷遭遇了严重的壁垒。

第四阶段，即"消费者的去杠杆化"对中国短期经济的影响最大、最严重。因为国外市场同类产品的消费水平及价格降低，会严重影响中国的出口，从而导致中国境内生产过剩，制造业出现疲软，工人不断失业等情况。

第五阶段，即"全球经济的去杠杆化"对中国中长期的影响最大、最严重。因为中国曾是全球化中发展最快的发展中国家，当全球经济出现"去杠杆化"时，中国的经济势必会受到极为严重的冲击。

其实，受全球"去杠杆化"进程的影响，我国也逐渐出现了"去杠杆化"进程，如我国对房地产业的调整——2010年4月17日，我国政府颁布的《国务院关于坚决遏制部分城市房价过快上涨的通知》

（"新国十条"）中明确提出"抑制不合理住房需求"、"履行稳定房价和住房保障职责"等，坚决实行更严格的差别化住房信贷政策。归根结底，这些政策的核心可以归结为当下的时髦词"去杠杆化"，也就是降低银行信贷杠杆化，限制流入房地产的资金。这犹如一颗原子弹，给了我国持续升温的房地产致命的一击。

据专家称，"去杠杆化"平均持续时间可能需要六七年，在初期会严重影响GDP增长。因此，"去杠杆化"是一个长期的过程，也是一个痛苦的过程。

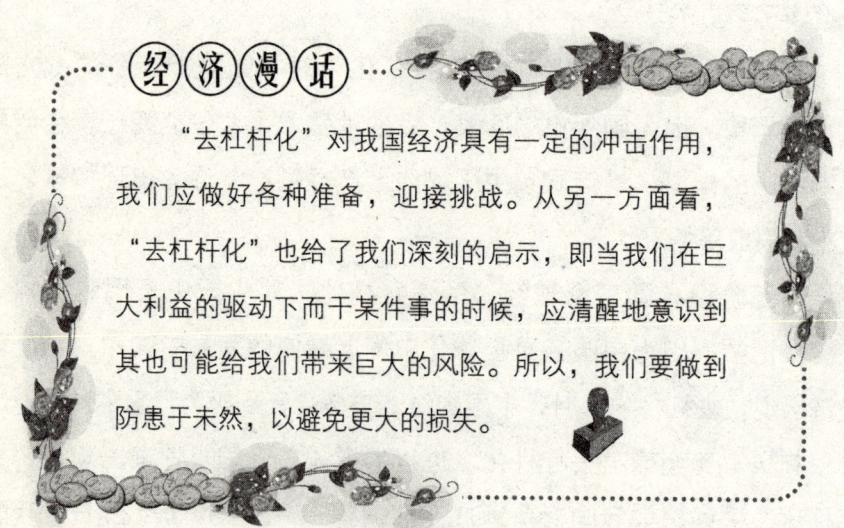

经济漫话

"去杠杆化"对我国经济具有一定的冲击作用，我们应做好各种准备，迎接挑战。从另一方面看，"去杠杆化"也给了我们深刻的启示，即当我们在巨大利益的驱动下而干某件事的时候，应清醒地意识到其也可能给我们带来巨大的风险。所以，我们要做到防患于未然，以避免更大的损失。

GDP：快速增长就意味着经济快速发展吗

在每年的政府工作报告中，GDP永远都是人们议论的热点问题。因为GDP的发展速度是衡量一个国家或地区经济发展情况最重要的指标，因而也是最受关注的经济统计数字。那么，是不是GDP增长越快就说明经济发展越好呢？当然不是，因为GDP的统计是有缺陷的。

GDP为英文Gross domestic product的简称，翻译成中文为国内生产总值。在通常情况下，GDP指的是一个国家或地区所有常住单位在一定时期内（一般为一年或一季度）所生产的全部最终产品（包括劳务）市场价格的总和。GDP一般用来衡量一个国家或地区经济发展的综合水平，反映社会财富的增加与否。也就是说，在通常情况下，如果一个国家或地区的GDP大幅增长，则说明这个国家或地区的经济发展繁荣，人们收入增加；如果一个国家或地区的GDP大幅递减，也就是呈负增长，则说明这个国家或地区的经济出现衰退，人们收入减少。

关于GDP的概念，我们应把握好以下两个方面。

1．GDP首先是一个价格概念，它是市场价格的总和。因此，只有

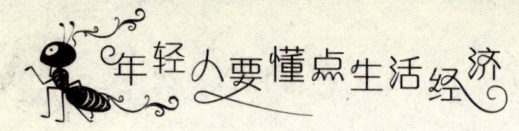

产生价格的东西才能计入GDP,而没有产生价格的东西是不能计入GDP内的。比如,我们在大学期间到学校附近的餐厅兼职,干1小时的杂活便可获得10元钱,那么我们劳动所得的10元钱则可以计入GDP。而我们在自己家里干些洗碗、扫地的杂活,我们是没有工资可得的,这时,我们的劳动就没有价格,因而也就不能计入GDP。

2. GDP是最终产品的价格的总和。产品按实际用途可以分为最终产品和中间产品。其中,最终产品指的是用于最后的消费,而不再作为原料或半成品投入到生产中去的产品;而中间产品则是指生产出来没有用于消费,而是作为原料或半成品继续投入到生产中去的产品。GDP统计的对象只是最终产品,并不包括中间产品。也就是说GDP统计的是那些用于消费中的产品,而至于不用于消费的中间产品,只有等其变成用于消费的产品后,方可纳入GDP统计范畴之内。如果统计GDP时也将中间产品统计进去,便会出现重复的计算,从而夸大一个国家或地区GDP的增长速度。

GDP被诺贝尔经济学奖获得者萨缪尔森称为"20世纪最伟大的发明之一",至今为止还没哪项指标能代替得了GDP。但是,GDP也不是万能的,它的统计是有先天缺陷的。我们知道,我们所做的每件事几乎都有有效和无效之分,GDP也不例外,它同样有有效和无效之分。而国家在GDP的统计过程中,往往会把一些表面上产生的价值归纳到GDP中去,这其实是不对的。美国有这样一个故事,很值得我们思考。

一天,两位经济学天才出去散步,二人

年轻人应该了解的经济热点

突然为了某个数学模型的证明而争执起来。正当二人争得面红耳赤、难见分晓时，他们同时发现了地上的一个烂苹果。天才甲便对天才乙说："要是你能把这个烂苹果吃掉，我就给你5 000万美元。"天才乙觉得5 000万美元很有诱惑力，于是坚决吃掉了烂苹果。这样天才甲真的损失了5 000万美元。然后，二人继续向前走，天才乙的胃开始剧烈疼痛起来，而此时天才甲也开始后悔一下子就花了5 000万美元。就在这个时候，前方又出现了一个烂苹果。于是，天才乙便对天才甲说："你要是能把这个烂苹果吃下去，我也给你5 000万美元。"天才甲也毫不犹豫地把烂苹果吃掉了，这样他便收回了之前花掉的5 000万美元，因此感到非常高兴。二人仍然向前走着，突然，他俩同时大哭起来，原来，闹了半天，关于那个数学模型的证明他们还是没有分出个高下来，而且还白白吃了两个烂苹果。他们很懊悔，于是便去请教他们的导师。这位导师学识渊博，声名远扬，听了两位高徒的经历后，竟然也大哭起来。稍后，导师激动地对二人说道："一个亿啊！你俩吃了两个烂苹果，就为美国的GDP增加了一亿美元的产值啊！"二人惊愕不已！

这个故事听起来似乎不可思议，但却耐人寻味。从表明上看，两位经济学天才的行动确实使美国GDP增加了一个亿，但由于钱最终还是回到了之前那个人手中，更重要的是没有解决实质性的问题，因此其被视为无效的GDP，也就不能代表美国的经济有了发展，社会总财富有所增加。无效的GDP在我们身边有很多体现，大多为超出实际需要的面子工程，如一些荒无人烟的马路上彻夜亮灯、耗费巨资装饰一个大门等。

和无效的GDP类似，还有一种GDP的增加也不能说明一个国家或地区的经济得到了发展，那就是建立在GDP消失的基础上而增加的GDP。

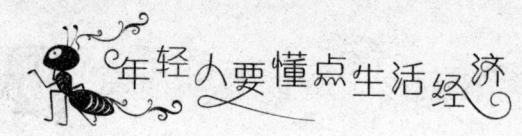

如一些地方拆了旧房子后再新建,新建后再拆,拆了后再建,每一次的拆迁虽然都增加了GDP,但又伴有GDP的消失,这不能说明该国家或地区的经济有所发展。又如,2010年6月,中国南方大部分地区遭遇特大洪涝灾害,很多房屋纷纷倒塌,庄稼也被淹没,灾区百姓陷入了困境。面对灾情,政府及时拨款给灾区人民进行重建工作,但仅靠政府拨款还不足以支付灾区重建的费用,因此,老百姓还要动用储蓄等来进行灾后重建。这样,灾区的建筑业、运输业变得繁荣起来,由于受灾面积较广,因此国家GDP大大增加,但灾区的老百姓多年累积的劳动成果在一瞬

间被特大洪水卷走了,也就意味着多年形成的GDP消失了。如果GDP的增加是建立在GDP的消失基础上的,那么,增长速度再快也难以说明一个国家或地区的经济在发展。因此,我们对于GDP应持科学的态度,不能只片面地重视经济总量和速度的增长,而不顾及其他因素,否则很可能会出现这样的现象:GDP总值确实增长了,但人们的生活水平却没有提高,甚至连经济也很难持续发展。

GDP的缺陷还有很多,各位专家也有不同的看法。在2010年第9期《求是》杂志中,刊登了国家统计局副局长许宪春的《GDP:作用与局限》一文,该文中关于GDP局限性的论述被广大媒体转载。文中称,GDP不能全面地反映经济发展状况,主要表现在四个方面:首先,GDP没有充分地反映公共服务在经济发展中的重要作用;其次,GDP不能反映经济发展的质量差异;再次,GDP不能准确反映财富的增值;最后,GDP没有反映非市场性的家务劳动。此外,许宪春还称GDP不能反映资源环境的变化,因为GDP是一个反映经济发展情况的指标,会对环境产

年轻人应该了解的经济热点

生负面的影响,如消耗土地资源、水资源、矿产资源等,又如污染空气、水等。

进入21世纪以来,我国GDP增长迅速,经济也得到了快速发展,但我们应理性而科学地分析形势,全面地看待在发展中存在的问题,以使得我国经济能更好更快地继续发展下去。

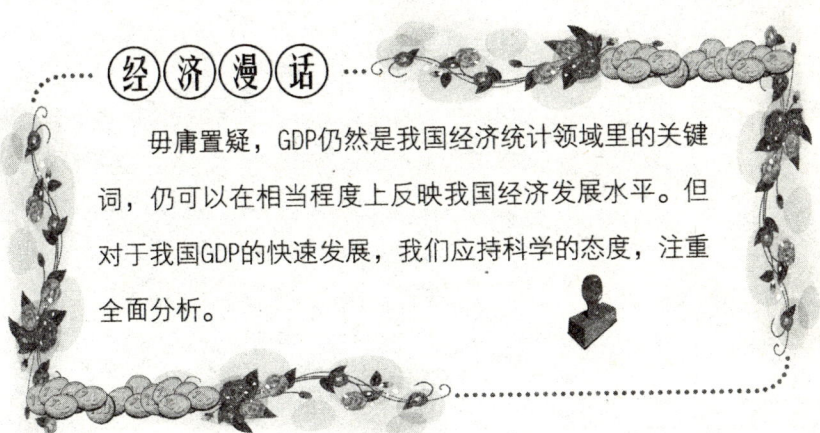

经济漫话

毋庸置疑,GDP仍然是我国经济统计领域里的关键词,仍可以在相当程度上反映我国经济发展水平。但对于我国GDP的快速发展,我们应持科学的态度,注重全面分析。